0〜9歳児の
親が今できる
すべてのこと

小学生で
高校卒業レベルに!

英語に
強い子の
育て方

江藤友佳
Yuka Eto

SE
SHOEISHA

はじめに

✖ 英語ができれば将来の選択肢が増える!

本書を手に取ってくださり、ありがとうございます。これを読んでいる多くの方が、我が子について「英語を好きになって自ら学ぶ学習意欲のある子に育ってほしい」と願っていることでしょう。

グローバル社会で生きていくうえで、英語が得意であることは必ずプラスになります。**コミュニケーションツールである英語を使いこなせる人は選択肢が多いことは間違いありません。**

本書では、おうちでできることを中心に、可能性を伸ばす子育てノウハウをご紹介します。**英語力に自信のない保護者の方も頼りになるサービスもご紹介しているので、ご安心ください。**英語教室や外部の力を借りることも、ご家庭の事情や習熟度の目標によっては必要です。**私のモットーは「英語子育てはできるだけ効率よく!」。ご紹介する内容は時間がない共働きのご家庭でも十分できることばかりです。**

✖ 忙しくてもできる「英語に強い子」の育て方

私は2人の姉妹を日本で育てるうえで、フルタイム勤務を続けることを選択しました。育児休暇は2人の子どもを合わせても1年半程度。比較的早い段階でフルタイム復帰をしました。夫も忙しく、平日はワンオペ育児状態でした。そのように**ワーキングマザーとして忙しく過ごす毎日の中、効率よくできることだけを取捨選択し、英語に強くなる子育てをしてきました。**

娘たちは東京都の認証保育園と認可保育園、そして日本の私立小学校にお世話になってきました。このような日本語中心の生活環境では、ずっと英語で子どもに話しかけるといった無理のあることは

できません。「徹底した英語育児」はせずに、**適切と思われるタイミングで適切な学習機会を与えることだけを意識してきました。**

我が家では「**子どもの主体性に任せる**」ということもしていません。主体性を育てて見守るのは理想的なことですが、子どもと過ごせる時間が限られていたためです。「親がレールを敷くまではやっておこう」「一応レールは敷いておくけれど、自分で別のレールを敷いてくれるならすばらしいことだ」というスタンスで子育てをしています。

どのような活動をどのような年齢で行うか判断するのに役立ったのは、英語教授法と幼児教育の知識です。私はカリフォルニア大学ロサンゼルス校（UCLA）の生涯学習センターとコロンビア大学大学院で英語教授法を専門的に学び、修士課程を修了しました。そこで得た第二言語習得や幼児教育に関する情報、また、高校と大学時代にアメリカの公立小学校でTA（教育補助業務）をしていた現場経験などをもとに、さまざまな取捨選択をしてきました。

本書では、私がお勧めする「英語に強い子を育てるレールの敷き方」をご紹介します。

✖「英検合格」は子どもたちの未来への切符

長女が小学校4年生になったタイミングで、15年の会社員生活に終止符を打って小学生向けの英語教室を立ち上げました。市販教材とオリジナル教材を組み合わせて「**小学生のうちに英検2級取得**」を推奨して指導しています。

英検を活用した学習を推奨しているのは、学習成果を可視化できるため、そして英検が子どもたちにとってなんらかの切符になることがあるためです。中学校受験が盛んな土地柄だということもありますが、小1から私の教室に通っているお子さんたちは、小3、小4

で準2級に合格し、できれば小5までに2級に合格することを目指します。準2級や2級を持っていると、受験の際に加点がある私立中学校が多いです。なんと、4教科で合計40点の加点をしてくれることも。1点の差で合否が決まる中、これは大きな数字です。

英検合格を「次にやりたいことを成し遂げるための切符を手に入れること」と考えると、親子での英語への取り組み方が具体化できます。長女は小5で2級に合格し、その成果が認められ、中学校から本人が希望したインターナショナルスクールに編入できました。中学校からの編入はレアケースですが、**子ども自身が英語「を」学ぶのではなく、英語「で」学びたいと考えるようになったのは、英語を1つのツールとして捉えるようになった証しだと思います。**

一方で、中学校受験、インターナショナルスクール、留学などを考えているわけではなく、大人になったときになんらかの場面で英語を役立ててくれればいい、となんとなく考えている保護者も多いでしょう。その場合は、**小学生のうちに高校卒業レベルの目安である英検2級に合格したときのお子さんの嬉しそうな顔や自信にあふれる姿を思い浮かべてみてください。**我が家の次女は小3で準2級に合格し、本人なりに自信を持っています。

私の教室に通っているお子さんも同様に、小さいうちはまだ英語を使って何をしたいか、本人は特に希望がありません。それでも**何か1つでも得意なものがあると自己肯定感が高く、生き生きとできるものです。**このように、英検を受け、合格することは英語学習を楽しんで続けるきっかけにもなります。

本書を実践可能な手引として活用いただけると嬉しいです。我が子の可能性を信じてサポートしようという思いが形になるよう、心から応援しております。

江藤友佳

Our Family

Mom
（著者）
帰国子女

日本で教育を受けたのは9〜15歳。それ以外はアメリカカリフォルニア州で育ち、バイリンガルに。高校はボーディングスクール、大学はリベラルアーツカレッジ、大学院はアイビーリーグ校を選択し、子どもの頃から自分の教育環境を自主的に選択してきた。志望する大学に入りやすくなるだろうと高校時代は競技人口が少ない飛び込み競技をがんばり、ロサンゼルス地区大会で2位で入賞。複数の大学から奨学金付き合格をもらい、アメリカの「強みを伸ばす教育」を体感した。日本で就職し、大学卒業後から日本在住。

Dad
海外経験なし
日本人

大学受験以降、英語を使っておらず、「英語は得意ではない」日本人会社員。海外経験なし。昭和後期から平成初期の旧公教育課程で英語の授業を受けたので、特にリスニングとスピーキングに慣れていない。子育ての方針は「子どもが好きなことをすればよい」。英語を勉強するように子どもに促すことはないが、子どもが英語を勉強していれば「パパは英検3級しか持っていないのにすごいね」と言い、子どもの自尊心をくすぐるようなメンタルサポートをしてきた。

Big Sis
小2で英検
初受験

2008年生まれ。超マイペースののんびりさん。慎重なところもあり、新しいことに挑戦するには勇気がいる。妹によく背中を押されている。小さい頃から自主的に本を手にしていて、長時間机に向かうのは問題なし。国語の授業が大好きで、読むことと書くことが日本語、英語を問わず好き。算数はとても苦手。得意と苦手がはっきりしていることを早くから自己認識していた。
認証保育園→認可保育園→私立小学校（小5で英検2級合格）→中学校からインターナショナルスクール

2011年生まれ。度胸と好奇心のかたまりのような性格。2歳からメモを持って近所の店舗に1人で買い物に行っていたしっかりもの。海外でも誰とでも話をする、社交的でコミュニケーション好きなタイプ。少し飽きっぽい面があり、小学校低学年のうちは2時間の英検の練習中に飽きてしまうことも。何事も作業は早いがちょっと雑。負けず嫌いで、英検は同級生たちよりも先に2級まで取りたいと努力中。
認証保育園→認可保育園→私立小学校（小3で英検準2級合格）

Lil Sis
小1で英検
初受験

CONTENTS

Part1

子どもの英語学習で
目標にすべきこと

Part2

身につけておきたい
「英語力」「思考力」「発信力」

第4章 「英語力」を育む指針①
フォニックスとサイトワーズ

第5章 「英語力」を育む指針②
語彙力をつける

第6章 「英語力」を育む指針③
聞く力をつける ······· 112

第7章 「英語力」を育む指針④
読む力をつける ······· 119

Part3

目指せ英検合格!

本書内容に関するお問い合わせについて

このたびは翔泳社の書籍をお買い上げいただき、誠にありがとうございます。弊社では、
読者の皆様からのお問い合わせに適切に対応させていただくため、以下のガイドライン
へのご協力をお願いいたしております。下記項目をお読みいただき、手順に従ってお問
い合わせください。

● ご質問される前に

弊社Webサイトの「正誤表」をご参照ください。
これまでに判明した正誤や追加情報を掲載しています。

　　　　正誤表　　https://www.shoeisha.co.jp/book/errata/

● ご質問方法

弊社Webサイトの「刊行物Q&A」をご利用ください。

　　　　刊行物Q&A　　https://www.shoeisha.co.jp/book/qa/

インターネットをご利用でない場合は、FAXまたは郵便にて、
下記"翔泳社 愛読者サービスセンター"までお問い合わせください。
電話でのご質問は、お受けしておりません。

● 回答について

回答は、ご質問いただいた手段によってご返事申し上げます。
ご質問の内容によっては、回答に数日ないしはそれ以上の期間を要する場合があります。

● ご質問に際してのご注意

本書の対象を越えるもの、記述箇所を特定されないもの、
また読者固有の環境に起因するご質問等にはお答えできませんので、
あらかじめご了承ください。

● 郵便物送付先およびFAX番号

送付先住所　〒160-0006 東京都新宿区舟町5
　　　　　　FAX番号 03-5362-3818
　　　宛先　（株）翔泳社 愛読者サービスセンター

＊本書に記載されたURL等は予告なく変更される場合があります。
＊本書の出版にあたっては正確な記述につとめましたが、著者や出版社などのいずれも、本書の内容に対して
　なんらかの保証をするものではなく、内容やサンプルに基づくいかなる運用結果に関してもいっさいの責任を
　負いません。
＊本書に記載されている会社名、製品名はそれぞれ各社の商標および登録商標です。
＊本書の内容は2021年8月20日現在の情報等に基づいています。

会員特典のご案内

本書の会員特典として、「英語に強い子の育て方Q&A集」
「フォニックス（発音教材）動画」をご提供いたします。
ぜひ、お子さんの英語学習にお役立てくださいませ。
会員特典データは、以下のサイトから
ダウンロードして入手いただけます。

https://www.shoeisha.co.jp/book/present/9784798170954

会員特典データのファイルは圧縮されています。
ダウンロードしたファイルをダブルクリックすると、
ファイルが解凍され、利用いただけます。

注意
＊会員特典データのダウンロードには、SHOEISHA iD（翔泳社が運営する無料の会員制度）への
　会員登録が必要です。詳しくは、Webサイトをご覧ください。
＊会員特典データに関する権利は著者および株式会社翔泳社が所有しています。許可なく配布した
　り、Webサイトに転載することはできません。
＊会員特典データの提供は予告なく終了することがあります。あらかじめご了承ください。

免責事項
＊会員特典データに記載されたURL等は予告なく変更される場合があります。
＊会員特典データの提供にあたっては正確な記述につとめましたが、著者や出版社などのいずれ
　も、その内容に対してなんらかの保証をするものではなく、内容やサンプルに基づくいかなる運
　用結果に関してもいっさいの責任を負いません。
＊会員特典データに記載されている会社名、製品名はそれぞれ各社の商標および登録商標です。

書籍内の親子のアイコンについて

本書では、ご家庭でもできるテクニックや遊びも紹介しています。左のアイコンが目印です。

Part
\ 1 /

子どもの英語学習で
目標にすべきこと

Part 1では、第二言語習得の理論についてお伝えし、
なぜ英検合格を目標とするといいのかを説明していきます。
少し難しい話もありますが、基本的な理論を知っておくと、
英語子育てで迷ったときに役に立ちます。
実践方法から読みたいという方は、
Part 2から読んでいただいてもかまいません。

第1章

現実的な英語習得目標を理論から考えよう

　私は子育てと運営している小学生向け英語教室の方針を決めるときに、振り返ることが2つあります。Teaching English as a Foreign Language（TEFL：英語圏ではない場所で英語を外国語として教える方法論）と Teaching English to Speakers of Other Languages（TESOL：英語圏で第二言語として英語を教える方法論）の分野の**「英語教授法」**と呼ばれている学問、そして、**学生時代のアメリカの公立小学校でのボランティアやアルバイト経験**です。

　教育方針や目標を決めるためには、理論が指針になります。**子どもはみんな性格も学び方も異なります。保護者は目の前の我が子に合った方針を決める必要があります。悩んだときに第二言語習得論について少しでも知っていると、英語子育ての方針を判断しやすくなる**ので、まずは英語子育てに際して役立つ理論や研究結果をご紹介します。また、「日本語がおろそかになるのでは？」という不安などを解消するためにも、第二言語習得論について知っておきましょう。

「バイリンガルを目指す」とはどういうこと？

　本書のタイトルにあるように、目指すのは「英語に強い子」「英語が得意な子」を育てることです。**日本で子育てし、母語が日本語の子どもを想定しています。**そして、その子が同世代のネイティブと対等に英語で議論をしたりできることをイメージしています。実

は本書では「バイリンガル」という表現を基本的には使っていません。この単語が意味することがいくつもあるため、適切に伝わらないことを危惧したためです。まずはバイリンガル（bilingual）とバイリンガリズム（bilingualism）の2つの言葉を整理しておきましょう。これらを日本語では共にバイリンガルと表現することがあるので、注意が必要です。**バイリンガルは「2つの言語が理解できる人」**です。これに対し**バイリンガリズムとは、「2つの言語を使用すること」**です。対象が「人」と「こと」で異なります。まずは、習得過程や習得の程度に関係するバイリンガリズムについてお話ししてから、バイリンガルになった「人」についてお伝えします。

学習時期によるバイリンガリズムの違い

✖ 同時に2言語を学ぶアプローチ

　同時に2言語を習得していく過程を、同時性バイリンガリズム（simultaneous bilingualism）と言います。**乳幼児の頃から日英両方の言葉に接する時間をつくっているご家庭は、このアプローチを**とっています。私は子育てにおいてこの概念を意識しており、子どもが生まれたときから英語を意識的に取り入れてきました。しかし、0歳から始めたかどうかが英語の習熟度を決めるとは考えていません。早期英語教育に関する考えについては、「英語教育を始めるのは早ければ早いほどいい？」（→p.29）で述べます。

✖ 母語から第二言語を学ぶアプローチ

　母語が確立してから第二言語を習得していく過程を後続性バイリンガリズム (consecutive/sequential bilingualism) と呼びます。consecutive も sequential も「続く」や「一連の」といった意味です。呼び方は異なりますが同じことを指し、具体的に「何歳から第二言語を学んだ場合」という定義はないですが、**幼稚園に入ってから第二言語を学び始める場合はこのアプローチだと考えるとよい**でしょう。

　私自身も後続性バイリンガリズムのプロセスを経て英語を習得しています。両親はアメリカに移住しましたが、特に母は英語を得意としていないので、日本語で私を育てていました。現地の幼稚園に行くまで、私は英語を全く話せなかったそうです。

　「いつ英語を学び始めるか」は最終的な習熟度に影響することもあり、どう英語力を育てるのかにも関係します。私は幼稚園に入ってから英語を学びましたが、習熟度には影響しませんでした。日本語を介さずに英語を学び、2つの言語に触れるようになってからは語彙が日本語でも英語でも増えていくというプロセスを経ています。

consecutive / sequential

幼い子にとってはこの学び方が自然です。しかし、年齢的にすでに母語が形成されているなら、**母語を介した第二言語習得は有効です**（→p.40）。

　もっと言うと、年齢だけではなく、お子さんの性格や成長度合いによっても**英語学習への取り組み方を変えていくべきで、我が子と異なる年齢層の子が今何をしているかをあまり気にする必要はありません**。

　本書をお手に取っている方のお子さんの年齢はさまざまでしょう。今の年齢、英語の学習開始時期だけではなく、我が子の日本語がどれだけ形成されているかも意識して読み進めてください。

学習程度によるバイリンガリズムの違い

✖ 母語に加えて第二言語を学ぶアプローチ

　母語に加えて第二言語を習得していくのが**加算的バイリンガリズム**（additive bilingualism）です。additiveは「追加的な」という意味です。母語を失う心配はありません。

日本で育ち日常的に日本語に触れているお子さんなら、このタイプがほとんどです。保護者が自宅で日本語を話していて、日本の学校に行っていれば、英語の学習を開始したからといって日本語を忘れることはないでしょう。

✖ 母語よりも第二言語が伸びるアプローチ

　移民の子どもに多く、第二言語習得をする過程で母語が弱くなるのが減算的バイリンガリズム（subtractive bilingualism）です。subtractive は「引く」「減らす」という意味です。

　例えば、日本人の家族が日本人の全くいない英語圏の地域に引っ越したとしましょう。両親は共に40歳過ぎだとします。ずっと日本語を使ってきた保護者が、日本語を忘れることはめったにありません。一方、まだ母語が発展途中だった子どもは英語ばかりの生活を送るにつれ、たとえ保護者が家庭内で日本語を話していても日本語力が伸びなくなり、退化することすらもあります。これが減算的バイリンガリズムです。

subtractive

「子どもが英語を勉強していると日本語がダメになる」という発

言を見かけたりしますが、その背景には**減算的バイリンガリズムの概念**があるのでしょう。また、これに関連して**ダブルリミテッド**（→p. 27）という表現があるので後述します。

　いずれも日本にいて教育に力を入れていればそう簡単に起こることではありません。また、**いじめの対象とならないようになど、身を守るために周りの言語環境に順応しようとする同化**（assimilation）**が作用し、減算的バイリンガリズムの過程をたどることもあります。**

学習環境によるバイリンガリズムの違い

✖ 同時に2つの言語を習得する

　学習過程において、**どの場面でも2言語を学習するのが複合型バイリンガリズム**（compound bilingualism）**です。**

　アメリカに住んでいたとき、私の両親はできるだけ私がこの形で英語と日本語に触れられるように日本語の環境づくりをしていました。私は、平日は現地校に行き英語で年齢相応の教科内容を学んでいたので、ネイティブの子と同じように英語を身につけられました。しかし、土曜日には補習授業校[1]で、日本の学校で教わる内容を日本語で学んでいました。

　ほかにも、習い事の公文式では日本語の教材を使っていましたし、祖母が毎月日本から段ボールいっぱい送ってくれたドラえもんやサザエさんのビデオをよく見ていました。両親はアメリカにいながらもニュースを日本語で見ていて、家庭内の会話も日本語のみでした。

　しかし、英語で子ども向け番組を見ることやアメリカ人の友達の家に遊びに行くことも多かったです。よって、子ども向け番組の世界観やそこで出てくる表現、家庭での会話に英語でも日本語でも触

れていたのです。子どもにとっての世界は主に学校と家庭です。**学校と家庭の両方の環境を日本語と英語でつくることができれば、2言語とも同時期に習得できます。**この場合、各場面で使う表現が2つの言語で身につきます。**子どもの脳内では、1つのものに対して2つの言語でそれぞれのラベルがつけられます。**例えば、しっぽを振って自分に近づいてくるかわいい4つ足の動物には、「犬」と"dog"という両方のラベルがくっついています。

日本で子育てをしながら学校と家庭の両方で2言語に触れてもらいたい場合は、日中はインターナショナルスクールに通って英語で学び、日本の学習塾で日本語で同じような内容を学ぶのが一般的です。しかしインターナショナルスクールは日本全国になく、費用も高額なので、その選択肢がない保護者もたくさんいるでしょう。

今では外国語としての英語を使って各教科の指導をするイマージョン教育を行う学校も少し増えましたが、それもまだまだ少数です。老舗の加藤学園に加えて、多摩川学園、LCA国際小学校、ぐんま国際アカデミーなどがありますが、全国に学校がない以上、学校を英語環境にするのが難しいと感じるご家庭も多いはずです。

また、家庭で英語だけで話す場面をどうつくるかが課題になります。例えば米軍基地内に住む友達がいて、英語で過ごす家庭の文化に国内ホームステイのように触れられるといいですが、なかなかそんな機会はないでしょう。毎年夏休みなどを使ってホームステイに行くことも可能ですが、ある程度お子さんが大きくなってからできることです。そう考えると、**複合型バイリンガリズムは日本での子育てではなかなか大変です。**

✖ 場面ごとに１つの言語を習得する

　場面によって強い言語が異なるのが、対等型バイリンガリズム(coordinate bilingualism) です。海外移住者や、日系アメリカ人として生まれた小さなお子さんでよく見られます。家庭内で日本語を使う場合も、英語を現地校で学び、年齢相応の理科や社会、算数などのアカデミックなことは英語で脳内処理します。しかし、日本語で教科を学ぶ機会がないので、そのために必要な日本語力は身につきません。

　その一方で、家庭内では日本語ばかり使うので、日常会話はネイティブの日本語話者と同様にとてもしっかりしています。学校外では英語ネイティブの子と過ごす時間がなく、日本語を使って会話するコミュニティにいる場合、子どもは日本語で友達の両親など大人たちと会話をするのが当たり前で楽に感じます。

　このような子どもは１つのものに対して１つのラベルを脳内でつけますが、ラベルの言語がものによって異なります。例えば家庭で味噌汁をお椀に入れるために使う大型のスプーンには、日本語で「おたま」というラベルが脳内でついています。英語のラベルはありません。一方で、学校でいつも掃除してくれる人をjanitorと認識していても、日本語で用務員という言葉は出てきません。

日本でインターナショナルスクールに通い、日本語で全く教育を受けない場合、アカデミックな日本語力が育たず、このように学校での言語と家庭での言語が分かれる可能性があります。年齢が上がるにつれ語彙力がつくと、2言語のバランスがよくなってきたりするので、複合型バイリンガリズムと対等型バイリンガリズムの区別は境界線があいまいであり、きれいに分けられるものではないことも覚えておきましょう。

習熟度によるバイリンガルの違い

✖ 母語と使いこなせる第二言語がある状態

　2つの言語を自由に使いこなせますが、どちらか一方の言語が優勢になっているのが偏重バイリンガル（dominant bilingual）です。均衡バイリンガル（→p.26）の人は2つの言語が共に母語であるのに対して、このタイプの人はどちらか1つが母語です。「この人は完全なバイリンガルっぽい」と思えても、本人は自分が偏重バイリンガルと認識していることが多いです。日本で育ったバイリンガルは一般的に日本語が母語になると思われます。

　本格的にお子さんをバイリンガルに育てたいと考えている場合、偏重バイリンガルが現実的な目標地点です。その中でもできるだけ高い英語力を身につけることが、英語子育てで目指すべきところで

す。日本語が母語であっても、英語でネイティブと同じように勉強、仕事、生活ができるレベルまで到達した人は「バイリンガル」です（機能的バイリンガリズムも参照→p.37）。

また、たとえそこまで満たない場合でもかなりのことを英語でできて、英語でグローバル社会の中で活躍できれば「バイリンガル」です。日本では英語がネイティブレベルでない場合はバイリンガルと呼ばない風潮がありますが、**バイリンガルは「2つ以上の言語を使える人」**のことなので、**英語がネイティブレベルに到達していなくても本来は堂々とバイリンガルと呼んでいいのです。**

本書のタイトルに「バイリンガル」という表現を使うことを避けたのは、この共通認識が日本社会では広がっていないと考えたためです。目指すべきは、英語習熟度が高く、日本語が母語の偏重バイリンガルだと覚えておいてください。

✘ 第二言語は理解できるだけの状態

母語に加えもう1つの言語がわかるものの、あくまでも理解ができるだけで、**話す、書くといった産出能力に欠けている人が受容バイリンガル(passive bilingual)**です。アメリカに住んでいたとき、私の周りにはこのタイプの友人がたくさんいました。アメリカで生

まれ育った彼らの保護者は、英語以外の言語を家庭内で使っていました。保護者が中国語、韓国語、日本語などで話しかけるのですが、本人は必ず英語で返事をします。保護者と同じ言語では言いたいことが伝えられないと言うのです。保護者は英語が理解できるので、コミュニケーションは完璧に成り立っていました。

　私の娘たちは現在英語の習得過程であることから、この受容バイリンガルのように感じることが多々あります。私がたまに英語で話しかけると的確に理解していることがわかる返事をするのですが、返事は日本語です。特に私が何かを指摘したときの言い訳は、長文の日本語で返ってきます。娘たちは、特に感情的になっているときに、自分の言い分を伝えるには英語力が足りていないのです。今後もっと英語を学んでいくことで、最終的に受容バイリンガルから脱出できればいいと考えています。

✖ 2言語がネイティブレベルで使える状態

　みなさんがイメージするバイリンガルは、均衡バイリンガル（equilingual）を指すと思います。2つの言語でネイティブレベルまで達している人のことです。これが一般的なバイリンガルと考えられがちですが、実はこのような人はほとんどいません。

　私自身は、語学のテストでは両言語で「ネイティブ並み」という評価を受けています。例えばACTFLのOPIスピーキングテストでは、受験当時に最高レベルだったSuperior（超級）という評価を日本語でも英語でも受けています（今はDistinguished［卓越級］というレベルが最上位）。それでも、英語圏にいれば英語のほうが強く、日本にいれば日本語のほうが強い気がします。脳内で常に両方の言語に平等にアクセスできている感じはしませんので、自分自身では均衡バイリンガルだとは思っていません。

また、ネイティブであるとはどういうことなのかという定義が難しいため、**均衡バイリンガルについても定義づけるのは難しい**と感じています。例えば、英語しか話せないネイティブであっても教養がない人は込み入った議論ができません。母語で複雑な議論ができない人であっても英語圏で生まれ育ったという理由でネイティブとみなされる一方、少々発音に母語の影響が残るけれども、単語の用法も文法も間違いなく、ネイティブと対等に議論や知的な会話をしている人がノンネイティブとみなされることがあります。そのため、**偏重バイリンガルを目指すのが合理的**だと思います。

✘ 母語にも第二言語にも限界がある状態

　semi-lingualは、日本語ではよく「ダブルリミテッド」と呼ばれています。両方の言語がlimited、つまり限界があり、どちらの言語も母語ではないように見えます。例えば、日本語でも英語でも学校の勉強が年齢相応にできない状態であれば心配です。同様に日本語でも英語でも仕事につけないような習熟度の大人になってしまったら困ります。そうなってしまう恐怖が、英語の早期教育理論によく登場します。

　しかし我が子がダブルリミテッドになることを過度に恐れないでください。日本で過ごしていて、学校へ行かせ、学校の勉強をがんばらせるように家庭での支援を行っていれば、そう簡単にダブルリミテッドにはなりません。考えるためには言語を介す必要があるので、いずれかの言語で思考力を育てる必要があるのですが、学校教育と家庭教育を意識していれば考える力は育っていきます。考える力を育てると言語力も育つという相乗効果があります。

　そのため、教育熱心な保護者の家庭でダブルリミテッドの心配をするのは「ただの取り越し苦労」になるでしょう。また、子どもの

特定の時期の吸収力には限界があるので、長い目で見るようにしましょう（→p.41）。

　このように、**我が子はある程度のアンバランスさがあるバイリンガルに育つことを受け入れておくと、小さなことで一喜一憂することはありません。**前述した偏重バイリンガルになることをよしとしないと、英語子育てはストレスフルなものになります。**期待値が現実的であることが親子の精神衛生上、重要です。**

　私はたまたまタイミングよく9歳から15歳に日本にいたこともあり、比較的バランスのよいバイリンガルだと思います。それでも日本で子育てしているので英語の子育て用語を知りません。先日、離乳食前期などの「期」はstagesやstepsとでも言うのだろうと思って調べたら、baby food stagesと言うようです。このように、**基礎がしっかりしていれば、初めて遭遇する場面でも自分の力で乗り越えてコミュニケーションが取れる力は身についています。英語も日本語も適切に使えないダブルリミテッドにはなりません。**

　母語は自分の気持ちなど抽象的なことを表現したり、物事の概念を理解したりするために使われます。その言語を使って思考できることが重要です。特に難しいことを考えるときに脳内でフル活用するのが母語なので、思考力が育つように意識していけば母語は自然と育ちます。たくさん考えさせるきっかけをつくって子育てするように意識してください。それが我が子の母語の育成につながり、そして言語習得にも通じます。

英語教育を始めるのは早ければ早いほどいい？

　私自身は幼稚園以降に英語に触れ始めましたが、アメリカで過ごした期間が長いため、高い英語力が身につきました。当たり前のようですが、「英語を使う時間数」が英語力に影響します。**我が家では日本での子育てだからこそ、英語に触れる総時間数を意識してきました。**

　では、どれだけの学習時間が必要なのでしょうか。大人の外国語学習に必要な時間数に関する有名な研究データがあります。子どもを対象とした研究ではないのですが、参考になります。

✖ 外国語の習得にかかる時間

　外国語習得のエリート集団を育てている国防総省外国語学校（DLI）の外国語センター[2]がまとめた「語学の習得に必要な時間数」が公表されています。これは、英語を母語とする人が、別の言語を学ぶのにどれだけ時間がかかるかを示しています。

　研究の結果、英語と似た言語は習得が早く、英語とかけ離れた言語の習得には時間がかかることがわかっています。カテゴリー3（次ページ参照）は「英語と言語的な構造や文化的な構造が異なって難易度の高い言語」であり、カテゴリー4は「全く英語とは異なり非常に難易度が高い言語」とされています。

　日本語は英語からかけ離れた言語と考えられており、カテゴリー4に分類され、習得するには2,200時間かかるとされています。大人の英語学習に関する議論の中で、日本語話者は英語を習得するのに約2,000時間がかかるということを聞くかもしれません。これはDLIのデータをもとに、日本語話者が英語を学ぶには、英語話者が日本語を学ぶのと同じくらいの時間がかかるだろうという仮説のも

カテゴリー1の言語: 約24週（教室内で600時間）
デンマーク語／オランダ語／ポルトガル語／イタリア語／ノルウェー語／スウェーデン語／ルーマニア語／スペイン語
フランス語（教室内で30週[750時間]）

カテゴリー2の言語: 約36週（教室内で900時間）
ドイツ語／ハイチ・クレオール語／インドネシア語／マレー語／スワヒリ語

カテゴリー3の言語: 約44週（教室内で1100時間）
アルバニア語／アムハラ語／アルメニア語／アゼルバイジャン語／ベンガル語／ブルガリア語／ミャンマー語／チェコ語／ダリー語／エストニア語／ペルシャ語／フィンランド語／ジョージア語／ギリシャ語／ヘブライ語／ヒンディー語／ハンガリー語／アイスランド語／カザフ語／クメール語／クルド語／キルギス語／ラオス語／ラトビア語／リトアニア語／マケドニア語／モンゴル語／ネパール語／ポーランド語／ロシア語／スラブ語／シンハラ語／スロバキア語／スロベニア語／ソマリ語／タガログ語／タジク語／タミル語／テルグ語／タイ語／チベット語／トルコ語／ウクライナ語／ウルドゥー語／ウズベク語／ベトナム語

カテゴリー4の言語: 88週（教室内で2200時間）
アラビア語／広東語／北京語／日本語／韓国語

出典：https://www.state.gov/foreign-language-training/

図1-1　各言語の習得に必要な時間数

と掲げられている目標です。

　DLIの研究対象には、スパイ候補、CIA候補、外交官候補など「語学習得が得意であろうポテンシャルの高い人たち」もたくさん含まれています。また、教室での学習時間しか考慮されていませんが、実際にはたくさんの宿題が出ており、教室外でも学習しています。そのことを考えると、このデータは「どんなに早くてもネイティブっぽくなるにはこれだけの時間がかかる」というかなり楽観的な時間数だと言えます。

果たして日本語話者が英語を学ぶときの前提が、英語話者が日本語を学ぶときと同じなのか、という点で議論の余地がありますし、**宿題として課せられていた学習時間数を加味したり、一般的な能力の人なら習得にもう少し時間がかかるであろうと考えると、4倍くらいの時間数が必要なのではないかと私は考えています。**

　年齢にもよりますが、日本人の駐在員のお子さんがネイティブの子どもたちに追いつくのには2,200時間×4＝8,800時間を必要とし、学校生活や英語でのそのほかの活動で毎日8時間英語に触れていたとしましょう。そうすると1,100日（約3年）が必要です。私の感覚では、中学生以下なら3年もすれば完全にネイティブの同級生たちに追いついているお子さんが多い印象なので、納得感があります。

必要な英語学習時間を確保するには？

　日本での子育てで、1日1時間英語に触れたとしても8,800時間に達するには24年間もかかります！　しかし、**日本にいても英語をたくさん使う環境はあります。英語で大半のことを学ぶ授業を行っている学校に進むというやり方です。**

　早稲田大学、慶応大学、上智大学、立命館大学などでは英語で学べる学科があります。日本育ちで英語力がかなり高い日本人の友人たちは英語だけの大学生活を送り、バイリンガルになっています。大学で英語の学習時間を蓄積していったわけです。インターナショナルコースやグローバルコースといった英語をたくさん学べるコースを設けた私立中高に通わせるのもいいでしょう。

　小学生のうちに英語の素地をつくっておき、将来英語で学ぶ環境に身を置けば、高い英語力を持つバイリンガルになる道が開けます。

　高い留学費用を払わなくても国内で英語を習得する環境を整えら

れるのはありがたいことです。我が家は「アメリカの大学に行ったらどう？」と簡単に言える経済状況ではないので、どのタイミングでどのような環境をつくるか、長期的なプランニングが重要だと考えています。

✖ 英語学習のスタートは早いほうがいい？

英語教育のスタート地点が早ければ、スケジュールを立てやすいというメリットがあります。ただ、**英語を早く始めれば英語が確実に身につくわけではありません。**2歳から英語教室に通っても、小学校入学と同時に教室通いをやめて英語から離れてしまうと、学んだ内容はあまり覚えていません。人間は忘れる生き物なので、学習過程において長い期間その言語から離れてしまうと、すごろくで言う「ふりだしに戻る」といった状態になります。**継続してコツコツ続けていき、ゆっくりでも英語でわかることやできることを積み重ねていくのが重要です。**

また、インターナショナルスクールや英語学童保育にお子さんを入れるつもりなら、「小学校に入ってから英語をスタートしても身につく」と考えていいでしょう。そう考えると、幼少期に英語以外の習い事をさせる時間ができます。事前に我が子のための選択肢をリサーチできていればその分、計画は立てやすくなります。

小学生から英語を始めても全く遅くはありません。日本には大人になってから本格的に英語を始め、世界で活躍している優秀な人もたくさんいます。**英語の開始時期よりも学習時間数のほうが重要なため、英語を始めるのに、どんな年齢でも遅くはないのです。**あまり英語が得意ではない保護者の方も今から本格的に英語に取り組めば、日本語が母語の偏重バイリンガルになることは十分に可能です。

今からでも遅くないので、**英語に十分な時間をかける方法を考えま
しょう。**

「臨界期」は恐れるべき？

　英語を学び始めるタイミングよりも総時間数が大切だと述べまし
た。しかし、早期英語教育に関して一般的に言われている注意点が
あります。**発音に関してだけは、小さい頃から英語を話している人
のほうがネイティブの発音に近づきやすいのです。**大人になって英
語を学んだ人は非常に流暢に複雑な構文で話していても、発音はネ
イティブと同様ではなく、多少の癖があることがほとんどです。

✖ そもそも「臨界期」とは？

　「臨界期」という単語を耳にしたことがあるのではないでしょう
か。人間には何かを学んだり能力を習得したりするために適切な時
期があり、その時期を過ぎてしまうと努力してもなかなか習得でき
なくなるという考え方です。**言語習得において臨界期があるのは、
主に発音のみだと私は考えています。**

　小児失語症患者の言語回復を発症年齢別に調べたエリック・レネ
バーグは1967年、14歳頃の思春期までを言語習得の臨界期とする
「臨界期仮説」を提唱しました。レネバーグの臨界期仮説をもとに
第二言語習得に関するさまざまな研究が行われ、今では第二言語を
習得するときの「音」に関する能力は、9歳くらいまでにかなり失
われてしまうとされています。

　聴覚科学を専門とするパトリシア・クールによる赤ちゃんの脳波
を対象にした研究では、12カ月までの赤ちゃんはどの言語のどの音
でも聞き分けられると結論付けました。1歳を過ぎると徐々に母語

の音を理解することに集中し始め、さまざまな音を聞き分けるために備わっている能力が7歳から低下していくと述べられています。

そして、その能力が失われるのが9歳頃と考える研究者が多いため、音に関する臨界期は9歳頃なのではないかと言われています。大人は母語を介した音の解釈しかできないので、音に関する能力の違いが発音に影響するという考えが一般的です。

なお、発音に関してはかなり個人差があります。大人になってから英語学習を始め、ネイティブのような発音をする人もいます。話し方のモノマネが上手な人もいます。これらの実情から、臨界期仮説（critical period hypothesis）の「critical＝決定的」という単語はふさわしくないとし、「sensitive period＝敏感期」とする学者もいます。

また、早く英語を始めたからといって、100％ネイティブのような発音ができるとも限りません。幼い頃に聞いた英語の音のサンプル数が不十分なら、特定の音はきれいに発音できません。

私は発音については、英語に全く慣れていないノンネイティブの人でも理解できるレベルであればよいと考えています。「誰もが理解できるレベルの発音」といった現実的なゴール設定をすれば、焦らずに英語子育てができます。また、誰もが理解できるような仕事や生活におけるコミュニケーションで全く支障のない発音を身につけるのに、臨界期はないと信じています。

バイリンガルはバイカルチュラル？

ここまでの話は主に、「単語」「文法」「発音」といった英語の表面的な部分についてでした。それらとは別に、言語と密接に関係し

ているのが「文化」です。英語が使われている場所は多く、英語圏の文化と言ってもいろいろとあります。ネイティブはどこで育ったかによって、自分のアイデンティティの一部としてその地域の英語を使っています。英語を日本で学ぶ子どもたちについては、英語圏の特定の地域への所属意識もないうえ経験値が少ないので、英語圏の文化を完璧に身につけるのはまず難しいと考えるべきです。

バイリンガルであることとバイカルチュラル（bicultural ／ 2つの文化の習慣や行動規範を身につけた状態）であることはまた違います。いかに英語力が高くても、英語が使われている環境下で不自然な発言をしていたら、文化理解が足りないと考えられてしまいます。英語を英語圏で使うときには**2つの文化を理解して、行動を変えることが自然にできないといけません。**

日本語を話しているときの自分と英語を話しているときの自分が別人のようだと言う人がそれなりの数います。これは各言語を使う環境下でよいとされている行動が異なるから起きることでしょう。

　例えば、日本で授業を受けているときには積極的に発言することはあまり求められていません。日本では長い間、「3＋5は何ですか？」などの答えのある質問が先生から投げかけられるのが一般的でした。答えがあるわけですから、答えがわかる子のみが手を挙げて発言します。

　その一方でアメリカでは"What do you think about this?（このことについてどう思いますか？）"など意見を求める質問がたくさん投げかけられ、どんどん積極的に発言することが求められます。答えがない質問であり、自分の意見の理由付けをすれば先生に褒められるので、誰もが挙手して発言しようとします。

バイカルチュラルになってほしいと願うならば、**他国で過ごす時間がどうしても必要になります。**「サピア・ウォーフ仮説（言語相対性）仮説」は、言語、思考、文化は密接に関係しており、ある文化下にいることで言葉の使い方が決まり、思考にも影響を及ぼすと述べています。

留学は英語の文化に身を置く1つの方法です。**できる限り生きた英語が使われている場を用意していくことで、文化の中で英語がどう使われているのか見つけられる機会になります。**

その一方で、必ずしも留学をする必要があるかというと、そうではありません。最近はインターナショナルスクールであっても**固有の文化に縛られず、ESL（第二言語としての英語）でもEFL（外国語としての英語）でもない、あくまでEnglish as a Lingua Franca（EFL：国際共通語としての英語）の考え方で教育を行う場所が増えてきています。**つまり、高い英語力を得るのと英語圏の文化を身につけるのは必ずしも連動しなくてもいいという考えが広がりつつあるのです。

各家庭で、子育てのゴールをどこに置くかで変わってくると思いますが、我が家では英語「で」何かを成し遂げられるようにサポートしたいと思って子育てをしています。

「この英語がわからない」は単語力不足？

我が子の英語学習に力を入れていればいるほど、子どもが英語を見て「日本語で説明できない」ときにがっかりします。「**英語力が十分に育たなかったのかも**」「**日本語で説明できないということは日本語が弱いのかも**」などと思いがちですが、そのようにがっかりする必要はありません。

単語の用法の細かいニュアンスは、辞書を引くだけではわからないことがたくさんあります。**辞書には無理やりつけた訳が載っていますが、それが果たして正しいのか疑問を持つ日が来るかもしれません。**その言語を使っている経験値が高ければ高いほど、「ぴったりの訳がない」と気づく表現や単語が出てきます。

　例えば、smearという英単語があります。何かをこすって不鮮明に境界線がぼけたときに使う表現ですが、英和辞典を引いても「汚れる」「不鮮明にする」と載っているだけで、これをぴったり表す日本語が見つかりません。逆に日本語で「口寂しい」という表現がありますが、アメリカ人の友達が「この言葉は英語にも必要！」と盛り上がっていました。「口寂しい」を辞書で引くとcrave（切望する）が出てきます。"I have a craving for pizza.（無性にピザが食べたい）"という表現は確かに使いますが、これには「必要ではないのに食べたい」というニュアンスは含まれていないように思います。

　このように、必ずしも英語と日本語は対にはなりません。すべての表現に対して英日で習得させること自体が不毛な考えだと言えます。我が子の将来像を考えるときに、この点も念頭に置いておきましょう。

英語で何ができるようになるべき？

　英語学習において私が掲げるのは、「年齢相応のことが英語でできる」ことと「TPOに応じた英語の使い方ができる」ことの2つです。年齢や職業に応じて必要なことを適切な言語で行い、目的を達成できるようになることを目指す機能的バイリンガリズム（functional bilingualism）という考えがあります。

知っておきたい「文化の盗用」の危険

バイカルチュラルと真逆ですが、グローバルに活躍できる子ど
もを育てようと考える人が気をつけたいのが「文化の盗用(cultural
appropriation)」です。主に、別の文化のものをファッション的に、
表面的に取り入れることを指します。例えば、日本のことを知ら
ず勉強しようとも思わない外国人が、着物をファッションのよう
に身につけていれば、「文化の盗用」と呼ばれます。日本人が黒人
の文化や歴史を知らずに、ドレッドヘアにすることは文化の盗用
だとするコメントをSNSで見かけたことも。ハロウィンに他文化
の民族衣装を着ていても同様です。

ポイントは、当事者がどれほどその文化を理解し、つながりを
持っているか。縁もゆかりもない文化からファッションアイテム
のように何かを借りて目立とうとしたり商売しようとしたりする
と、その文化への敬意が足りないと批判されます。小学生は「い
ろいろな文化があること」「それぞれの文化を大切にしなくてはい
けないこと」を学校で習い、日本文化のことも学びます。しかし、
他国の文化を自身の生活にどう取り入れるかを深く考える機会は
少ないでしょう。保護者が「何も考えずに、かわいいなどの理由
で他文化のものを取り入れることには注意しないといけない」と
伝えていく必要がある時代だと言えます。

子育て中に目指すべき一番大切なことは英語で年齢相応の知的な
ことができることです。例えば、日本人の5歳児であれば形や色が
言えて、数が数えられて、ひらがなが書けることを目指すでしょう。
そして、お友達とモノの貸し借りを行い、謝ったりお礼を言ったり
することが自然にできるようになっているべきだとされます。アメ

リカの5歳児も概ね同様のことを目指します。言語はあくまでもコミュニケーションツールなので、人間の知的な発達の過程において使い方が変わっていきます。**成長の変化に合わせて、学ぶ英語も変化すべきです。**自宅でできる年齢相応の遊びや学習方法については、本書でたくさん紹介します。

　もう1点、**保護者が特に意識すべきだと考えているのがTPOに応じた英語に対する意識の持ち方です。ネイティブ・スピーカーのようにカジュアルな表現、特に「チャラい英語」を子どものうちにあえて学ぶ必要はありません。**あえて「チャラい」という表現を使いましたが、「フォーマルな」の反対の意味で使っています。

　軽いコミュニケーションを取り、そのときどきでクールだと思われているような英語表現を使うスキルは、同じ年齢のネイティブとコミュニケーションを取っているうちにすぐに身につきます。そのようなリアルなコミュニケーション機会をつくることは大切ですが（→p.147）、**家庭での学習は「きちんとした英語」に特化すべきです。**

　こう考えるのは、私が大学で教えていても、高校のときに留学した学生が「環境問題」などの重要なテーマで "So, yeah. You know, this is pretty important, so we gotta work together." といった話し方をすることがあります。日本語に意訳をするとこのように聞こえます。「ってことで、そうなんっすよ。これが大切ってわかるっしょ。一緒に取り組まないといけない的な」。これでは英語力が高いとは言えません。**英語力が高いというのは、その場にふさわしい語彙、表現、構文、段落の形などを使いこなすことです。**

　外国語として英語を学ぶ以上、さまざまな英語力判定のテストを受けることになります。留学したいなら、TOEFLやIELTSなどを

受けて英語力を証明することが必要です。日本の大学受験では、日本英語検定協会が運営するTEAPという試験が使われています。ビジネス英語の試験は多数ありますが、日本国内ならTOEIC Speaking & Writing Testsでどれだけ英語で話せるか、書けるかを評価するかもしれません。こうしたテストではすべて、「学校や会社で使うのにふさわしい表現」がどれだけ適切に使えるかを試されています。

　もちろん、**テストが人生のゴールではないですし、指標の1つでしかないと私は強く信じています。しかし、テストには波及効果があり、保護者としてこれを使わない手はありません。**例えば英検では級ごとにライティングやスピーキングで適切と考えられている語彙力や文法力があり、それらを使いこなす精度が試されます。テストのために単語を学んだり、普段は気にしていない文法精度を高めることにつながります。

　読者のみなさんには、**お子さんが教養のあるグローバル人材になるような英語子育てを目指していただきたいと思います。**マナーやTPOに応じた振る舞い、考え方を教えるのは家庭の責任ですが、さまざまなテストを基準に「教養のある人の英語」を習得できるようにお子さんをサポートしてください。

英語は英語オンリーで学ぶべき？

　英語学習に力を入れたいと思い、さまざまな書籍を読むと「英語は英語で理解するべきなので日本語を使ってはいけない」というビリーフと、「日本語を介して学ぶほうが早いので日本語を活用すべき」というビリーフといった相反する内容を目にすると思います。「ビリーフ」とは英語のbeliefで、言語習得に関する信念や言語学

習観を指す専門用語です。1980年代から第二言語習得の研究者の
エレイン・ホーウィッツが取り組んできたテーマで、学習者の信念
が言語習得のプロセスや経験に大きく影響するという仮説のもとさ
まざまな研究がされてきました。

　私は、幼少期は英語オンリー、そして概ね小学校入学後、特に高
学年になったら日本語介在が有益だと考えています。つまり「第二
言語習得のために母語を活用するかは年齢による」というのが私の
ビリーフです。

　「バイリンガル子育て」というと、1つのものや行動に対して同
時期に2言語でその名前を学ぶ必要があると考える人がいますが、
1つのものに対して2つの言語でラベルをつけていく作業は、小学
生以降で十分だと私は考えます。小学校のうちにすべての知識が2
言語で完成している必要もありません。その理由は、子どもが特定
の年齢で覚えられる単語数には限界があると考えるからです。

　移民が多いアメリカにはバイリンガルの子どもが多いので、バイ
リンガルを対象に多くの研究が行われてきました。よく発表される
のが、「バイリンガルの幼児は語彙力テストを受けると、モノリン
ガルの子（外国語を習ったことのない子）よりも点数が低い」とい
う研究結果です。しかし、2つの言語の語彙を合わせると、モノリ
ンガルの子と同じくらいの単語数になることもわかっています[3]。

　このことから、私は成長過程においてキャパオーバーとならない
ように、幼少期は無理に英語と日本語を同時に教えようとしていま
せん。たまたま出会った順に単語を覚えればいいと考えています。
バイリンガルと呼ばれる大人たちも、特定の分野については片方の
言語でしか単語を知らないということがよくあります。その知識の
ムラは、同時通訳者になりたいと思わない限り、さほど困るもので
はないのです。

✖ 小学校高学年から日本語を使うメリット

　私は娘たちに、5歳くらいまではネイティブの子どもに向けてつくられた年齢相応のDVDや本、おもちゃやアプリを与えてきましたが、新しい英語表現に出会ったときに「これってどういう意味？」という問いかけをしてくることが、2人とも小学校に入った頃から増えてきました。完璧に理解したいという欲求が芽生えたからでしょう。

　また、複雑なことを言うのは日本語のほうが楽になり、娘たちは日本語で話すことがほとんどになってきました。そこで、**日本語が母語として圧倒的に英語よりも優位になったことが明らかになったタイミングで、日本語を活用して英語学習をサポートするように切り替えていきました。**特に、考えるときに使われる言語が日本語であるとわかってからは、**考える作業を日本語でさせています。**後述するロジカルな発想のトレーニングは、すべて日本語を介して練習してから英語に変換してきました。

　小学生の英語教育に関する反対意見でよく目にするのが、「日本語力の形成に支障が出る」というものですが、言語の習得において大切なのはその言葉を使って考えることをどれだけするかです。**英語を週に数時間使ったからといって、日本語で考えられなくなるほどにはなりません。**英語が得意な人は国語も得意だという傾向がありますが、言語を意識的に考えることに使って学んできたから両方得意になったのではないでしょうか。

　普段日本語で考えている子どもが、日本語を使って英語を学ぶことはメリットがあると思っています。年齢が上がればより深く考えられるので、母語の力が発揮されます。2つの言語で体系立てて考えながら、言葉の成り立ちや使い方について自分で分析し、気づきを得て、そこから学びが生まれるというよい連鎖反応も期待できま

す。両方の言語を強化できるため、私は娘たちが日本語を使って英語を学びたくなったタイミングから日本語を活用してきました。

冒頭で述べたように、「第二言語習得のために母語を活用するかは年齢による」というのが私のビリーフです。もちろん、正解はありません。ぜひご家庭内でいろいろと試しながら、「我が家に合った考え方」にたどり着いていただきたいと思います。

---

1 海外にいる子どもが日本に戻ったときに学校生活に適応できるように、文部科学省が支援する学校のこと。日本の学校同様の速さでカリキュラムを進め、日本の学校と同じ教科書を使用する。
2 国防総省外国語学校（DLI）はカリフォルニア州モントレーにあるアメリカの政府機関。外交官やCIAのメンバー、グンに関わる職員などが外国語を学ぶ場所。
3 Poulin-Dubois, D., Bialystok, E., Blaye, A., Polonia, A. & Yott, J. (2012). Lexical access and vocabulary development in very young bilinguals, International Journal of Bilingualism.

第2章 「小学生で英検2級合格」を目指す理由

　ここまでの内容で、我が子の英語の習熟度のゴールや今後の環境づくりのイメージはわいてきたでしょうか。長期的な考え方についてお話をしてきましたが、ここからは小学生のうちにやっておきたいことについてです。**本書では、誰もが比較的活用しやすい実用英語技能検定（英検）を「成功体験」を得る1つのツールとして活用する子育て法を提案します。**その理由は次の5つです。

理由1：最終目標の通過点を見える化しやすい

　「小学生のうちに英検を受けましょう！」と言うと、「どうせ中学や高校に行ったら受験することになるんだから、小学生のうちに英検をやる必要はない」という意見が必ず出ます。おっしゃるとおりです。**英検を受けることは「必要」ではありません。しかし、短期的な目標があると行動しやすくなります。**

　「20年後に英語ができるように今からやるべきことを考えなさい」と言われると何から取り組むべきかわからなくなり、行動しにくいものです。英検2級合格をゴールにした場合、5級、4級、3級、準2級、2級の5段階のステップに分けて考えられます。「まずは小1で英検5級と4級に合格して、小2で3級に合格して……」と小6までにするべきことを計画できるので、「20年で英語習得」という目標を具体化できます。

　プロジェクト管理で「マイルストーン（milestone）」という単語がよく使われます。もともとは1マイルごとに置かれている標石の

ことで、プロジェクト管理においては「重要な経過点」や「中間目標点」を意味します。子育ては長期的なプロジェクトのようなものです。学校教育に「学年」や「卒業」があるように、**英語学習にも段階をつくることが大切です**。

文部科学省が掲げる目標は、外国語活動を通して日本人がCEFR[1]（外国語の学習、教授、評価のためのヨーロッパ共通参照枠）のB2レベルの英語力を身につけることです。しかし、ビジネスパーソンたちの現状を見ると、B2はおろか、英語で身近な内容についてなんとか話し合うことができるB1にすら到達できない方がたくさんいます。

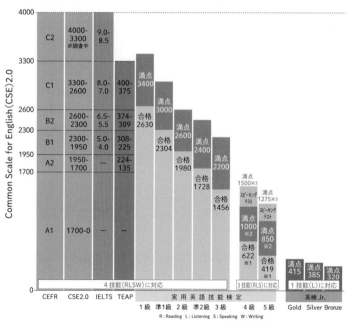

出典：https://www.eiken.or.jp/cse/

図2-1　英検の各級はCEFRでどのくらい？

45

CEFRは、現在世界で語学力の共通の指標となっているCan Do Statement（特定のレベルの人が何ができるか）を定義した内容です。そのため、各試験がCEFRのどのレベルに該当するかを表すことが一般的です。**英検2級は、ギリギリB1で「基本的なことは英語でできる」ということ。小学生のうちにここまで到達していれば、その後の英語力育成がスムーズに進む可能性が高くなります**[2]。

理由2：英検2級は少し背伸びしたら届く目標

成功しやすい目標の立て方としてよく提唱されている**SMART goal**をご存じでしょうか。**以下の頭文字をとったもので、目標を立てるときに考えるべき内容が網羅されています。**

頭文字	意味
Specific	具体的である
Measurable	成果を測ることができる
Achievable	達成可能
Relevant	最終目的に合っており、有意義
Time-bound	期限が決まっている

図2-2　目標を立てるときに考えるべきSMART goal

英検を活用すると、必然的に目標設定に重要なことが網羅されます。英検は具体的な級があり合否があるので「○歳までに○級に合格する」という目標であれば、specific（具体的）でmeasurable（成果を測ることができ）、time-bound（期限が決まっている）をクリアしています。合否があるので、成功したかどうかの成果は誰が見

ても一目瞭然です。

Relevant（有意義か）については、このあとの理由3と理由4を参考にしてください。ここで述べたいのは、「小学生のうちに英検2級に合格」という目標は、努力が必要だけれどもほとんどの子どもにとって手の届く目標であるということです。メディアに取り上げられるような天才キッズである必要はないのです。

英検準2級と2級では試験内容に社会的な内容が多少含まれますが、少々ぼんやりした理解でも十分合格できる「小学生の世界観でもわかる内容」です。例えば、環境を守るためにリサイクルすることや世の中にはさまざまな職業があること、お金を介してサービスやモノが売買されており、お金を稼ぐために働く必要があることなどをわかっている必要があります。しかし、理解の早い子どもたちは3、4年生でこのような内容を理解しています。そのため、「小学生のうちに英検2級に合格する」はAchievable（達成可能）な目標です。

私の運営している英語教室でも、3、4年生から英検2級に挑戦しはじめる子が複数います。ちょっと背伸びをしたら届きそうな目標であるからこそ、努力をしています。

理由3：英検で必要なスキルは生涯役立つ

英検に合格するための力には以下のものがあり、すべて成長過程において重要なスキルです。

✖ バランスのよい4技能
英検にはリーディング、ライティング、リスニング、スピーキン

グのパートがあります。また一次試験の比重は準2級以上でライティング＞リスニング＞リーディングの順になっており、ライティング力が重要視されます。アウトプットを求められる試験なので、**英検に取り組む子どもは4技能の能力をバランスよく伸ばすことを意識するようになります。**

　自宅学習のみの場合、リーディング力とリスニング力は教材などを活用して力がつく可能性が高いのですが、正確に書くことと話すことが身につかない人が多いものです。**間違えて覚えたままにしておくと「化石化」してしまいます。**「化石化」とは、簡単に言えば、間違って習得してしまったものが定着してしまい、直らなくなる現象です。

　試験を受ける前提で学習計画を立てていくと、今まであやふやだったことや間違えて覚えてしまったことを修正する機会ができます。英検のようにステップアップのための段階（級）がある試験を活用すると、難易度が少しずつ上がり、1歩1歩進んで学習項目の間違いを洗い出せます。試験合格のために間違いを修正していこうとする意識があれば、化石化の予防にもなるでしょう。

　我が子の間違いが簡単に直らなくなってしまう前に試験に取り組むというメリットは大きいです。英語が伝わればいいと考えるか、正しさを求めたいかは保護者が考えたいポイントです。将来世界のエリートと活躍できる子どもを育てたいなら、英語の正確さを求めることは必要でしょう。

✖ **思考力**

　英検準2級と2級のライティング問題と面接の問題の後半は、意見問題です。ソーラーパネルの設置数が今後増えると思うか、日本

に住む外国人が今後増えると思うか、より多くの企業がリモートワークを許可すると思うかなど、大人にはさほど難しくない社会的なトピックが扱われます。このような社会の仕組みを理解し、自分の意見を持つための練習は、将来必要な思考力を育てることにつながります。

　子どもたちは経験していないことはよくわかりません。そのため、英検2級を親子で目指す場合、保護者は子どもにさまざまな経験をさせたり、気づきを促そうとしたりします。

　例えば、私はアメリカ旅行時にたくさんのソーラーパネルがある場所を車で走ったとき、「あれがソーラーパネルだよ」と伝えました。「どうしてここに設置したと思うか」などの意見を聞き、砂漠のような晴れた場所だから常に日光があり、発電ができそうなことなどを話しました。小学6年生になったらこのような話が学校の授業で出てきたようで、英検に取り組んでいたトピックは実は学校教育の先取りになっていたこともわかりました。

　英語はあくまでもツールなので、学ぶ内容は他教科のコンテンツと連動しています。保護者が子育てをするうえで、いろいろな情報を伝えるというメリットは大きいです。

　英検2級の問題に取り組むときには、自分とは違う別の人の立場に立って考える練習も必要です。「学校は生徒にもっとコンピューターの使い方を教えるべきだと思うか」という質問があったときに、生徒の視点から述べるのみならず、学校経営者の視点で言うこともできます。小学生なので使う表現は幼稚かもしれません。それでも物事の因果関係を説明することを試みたり、多角的に物事を見たりすることは、将来グローバル社会で活躍するにあたって重要になる力の育成につながります。

✖ 試験を受ける精神的成熟

受験に向けた準備は、子どもの人間的な成長にも役立ちます。英検を受けるためには、集中力を育む必要があります。英検受験者の低年齢化に関する報道をよく見かけるようになりましたが、小学校低学年の子どもが2時間半、保護者と離れて集中して試験を受けています。

個人の成長度合いにもよりますが、じっと座っていられること、**集中できること、カンニングとみなされるようなルール違反をしないことなど、試験に挑戦できるだけの人間的な成長をサポートする必要があります。**このような**英語以外の面での成長を支え、成長に気づきやすくなるので**、親子で英検2級を目指すのは子育てにとてもいいことだと考えています。

英検に合格すると子どもはとても喜び、自信を持ちます。そして**不合格の場合は何が足りなかったのかを考えます。**我が家の次女は少々飽きっぽい性格なので、興味のないものにじっくり向き合うのが苦手です。一度準2級に落ちていますが、その敗因は最後までリスニング問題を解かなかったことです。

リスニング機材に問題があって試験の終了が遅くなり、音源をかけ直したりしているうちに集中力を失ってしまったようです。また、前で試験を受けていた子どもが消しゴムで遊んでいたのも気になり、いつもは満点に近いリスニング問題がボロボロで、わずか1問分くらいのCSEスコア（→p. 206）が不足し不合格でした。試験は最後まで集中しないといけないと自分なりに認識し、2回目の受験では合格できました。

このように、**たとえ不合格になっても、子どもにとってもよい人生経験となるのです。**ただし、これは我が子の性格をよく見て、成長できるタイミングかまたは自信喪失の悪い影響がありそうな時期

かを見極めてください。合格したら多くの人に「すごいね」と言われるでしょう。**自分には得意なものがあるという意識は自己肯定感にもつながり、がんばってきた英語の試験に合格したことは、人間形成においてもポジティブな影響を与えるはずです。**

理由4：英検2級の取得で子どもの選択肢が広がる

子どもたちにとって英語はなんら特別なものではなく、国語や算数と同様に1つの教科です。各教科で習熟度を測るテストを受けるのが普通であるように、自分の現在の状態を知るためにテストを活用しましょう。

本来は、「プログラミングの世界大会で発表できるように英語を習いたい！」「自分の描いた絵を海外の人に見てもらうために英語を使ってYouTubeで発信してみたい！」など、自分でやりたいことを見つけて、英語に対するモチベーションがわいてくるのが一番いい形です。しかし、算数を学ぶときに将来の活用場面を想像せずに学んでいるのと同様に、英語を「勉強しないといけないもの」と感じること自体は悪ではないはずです。

英語学習も同じように、将来の選択肢を意識して取り組むべきです。

✖ 英検は中学入試で使える

中学校受験を視野に入れている場合は、英検2級が役立つ可能性が高いです。2020年度の首都圏では、英語を入試科目として選択できる中学校が141校にのぼったとの調査結果があります[3]。このリストに入っていなくても、私が学校のウェブサイトを直接見て英

検優遇があると把握している学校があります。また、そうした学校は年々増えています。**英検準2級または2級を持っていると英語試験が免除になる、または大幅な加点がある学校が多いのです。**1点で合否を競う中学校受験で、大きなアドバンテージになりえます。

　なお、日本英語検定協会のウェブサイトの情報は更新されていないので、「入試活用校情報」はかなり古くなっています。中学校受験を目指す場合は、希望校がどのような取り組みを行っているかを調べるとよいでしょう。

✖ 英検で海外留学も可能

　留学を希望する場合は、英検準2級や2級を取得することでオーストラリアの州立高校に留学することも可能です。現在、5州の州立高校全校が英検を入学に必要な英語資格として認定しています。

　オーストラリアへの留学はアメリカやイギリスよりかなり費用が良心的です。日本で私立学校に通うことを考えると、少しがんばれば手が届く程度です。公立学校なので地域差があるなど心配な点はありますが、小学校のうちに英語要件をクリアすれば、それから時間をかけて、留学準備ができます。日本英語検定協会のページに掲載されているので詳しい情報は「英検留学」で検索してください。

✖ 拡大する英検活用の場

　稀なケースだとは思いますが、我が家の長女は**英検2級に合格していることで中学校からインターナショナルスクールへ編入できま**した。長女は第一志望の学校の英語試験の結果があまりよくありませんでした。本来は不合格のレベルだったのでしょうが、試験結果を聞くときに「英検2級に受かっているのは参考になった。目標が明確にあり、やるべきことがわかっている状況ならきっと成績をす

ぐに伸ばすことができるでしょう」といったことを言われ、入学が認められました。

　長女の出願校を検討するにあたりいくつかインターナショナルスクールの出願資料を見ましたが、記入欄に英語力の証明としてTOEFLとEikenの両方が並んでいる学校がいくつかありました。アメリカでも、少しずつ英検を認めてくれる大学（主にコミュニティカレッジと呼ばれる短大）が増えているようです。**このように、少しずつ英検活用の場が英語圏でも増えています。**

理由5：英検は受験機会の多いテスト

　受験のしやすさも英検のメリットです。幸いなことに、**英検は1級を除けば全国の各都道府県で受験できるテストです**。日本のどこにいても小学生のうちに2級に合格するという目標に向かって挑戦しやすいでしょう。

　子ども向けの試験としてTOEFL Primaryなどの別の試験もありますが、試験頻度があまり高くないうえ、受験地も少ないです。TOEFL Primaryについては、公開テストが年に2回のみです。

　一方、**英検は年に3回行われる本会場での従来型試験に加えて、学校や英語教室などで行われる団体受験があります。**さらに、首都圏ではパソコンで受験できる試験を最大1日3回も毎日のように展開しているので、受験日の選択肢があります。英検準1級から3級までは、従来型の試験3回とパソコンでのS-CBT試験6回を1年間に受験可能です。本書で推奨している英検2級の受験であれば、年間で最大9回も受験機会があるのが英検の魅力の1つです。

英検は実用的でない？
詰め込み学習でしかない？

　小学生のうちに英検2級まで受験する5つの理由を述べました。子どもに英検の勉強をさせることに対する反対意見として、「使用頻度が高くない単語も多いし、実用的ではない」というものを耳にします。また、「英検に向けた学習は詰め込みでしかない」という意見も聞きます。

　まず、英検の実用性についてですが、英検1級は使用頻度はそう高くない単語も混ざってくるので、そういう意見が出るのは理解できます。しかし2級までは知っておくべき単語がほとんどで、英検に向けた取り組みを通して実用的な表現が学べます。また、日本の学校に行くならば、高校で出会う表現ばかりなので、先取りをして学ぶことは有益であり実用的だと言えます。

　「英検に向けた学習は詰め込みでしかない」という意見については、そうならないように気をつける必要があると思います。第3章で述べるように、我が家では基本的には、英検に向けた学習は英検直前の2カ月のみです。それ以外は全く異なることをしています。

　私の教室に通う生徒さんも同様です。普段は英検を意識しない取り組みをしていて、年に2カ月だけ英検に向けてギアチェンジをしているので、詰め込み学習がメインにはなりません。「英検のために英語を学ぶのではなく、英検を学習成果の確認のために使っている」と考えることが大切です。これらの考えに共感していただけた方は、ぜひ英検2級を目標にしてみてください。

グローバル社会で必要となる3つの力

　これまで述べてきたことをまとめましょう。**これからの時代に必要となる力を3つに分けることができます。まず第1に英語力。**本章の冒頭でバイリンガルの分類と、各タイプのバイリンガルが育ちやすい環境について述べました。日本で子育てをするうえで現実的な目標は、ネイティブとTPOに合わせたコミュニケーションが取れる高い英語力だとお伝えしました。

　そして、考えるときに使っているのが母語です。考える力と言語は直結しています。言語は考えることに使います。そして頭の中にあることを言語化していくことで考えを整理していきます。考えをまとめて整理する思考力は、多様性のあるグローバル社会で意見交換をするために必要不可欠です。**グローバル社会で必要とされている第2の力はこの思考力です。**

　将来グローバル社会で活躍する人に必要だと考える3つ目のスキルは、発信力です。思考力は主に「伝える内容」を決めるのに使うのに対し、発信力は「伝え方」を決めるのに役立ちます。

　コミュニケーション能力は論理的な思考だけではありません。相手の視点に立ち、相手の気持ちを考えて、人間関係を意識しながら言葉を適切な文脈で使う必要があります。論理的に物事を考え、よい分析をしたり、わかりやすい意見を持っていても、主張力が弱かったり、逆に相手を論破しようとする攻撃性の高い主張では相手にされません。

　世界で活躍しているグローバルリーダーは「国際感覚がある」と言われたりしますが、これは能動的に情報発信し、さまざまなバックグラウンドの人の心証に配慮した伝え方をしているということで

す。情報の受け取り手のことを考えて伝える力を小学生のうちから育めば、視野が広がります。

　日本の小学校では英語の基礎を教えるようになり、思考力を鍛える取り組みとしてプログラミング授業も導入されました。しかし発信力のトレーニングは、いまだにさほど組み込まれていないように思います。

　これらの実情を踏まえ、Part 2で小学生のうちに家庭でできるグローバル人材に必要なスキルの育成についてご紹介します。なお、発信力については英検では求められていません。しかし、少しずつ身につけておけば、中学校以降でどんどん開花します。まずは英検で英語力と思考力の素地をつくり、そしてそれをのちに必要となる発信力の糧にしてほしいと願っています。

1　Common European Framework of Reference for Languages: Learning, teaching, assessment
2　参考：
　　https://www.mext.go.jp/b_menu/shingi/chukyo/chukyo3/056/siryo/__icsFiles/afieldfile/
　　2015/10/29/1363262_10.pdf
　　https://www.mext.go.jp/content/000025257.pdf
3　首都圏模試センター：
　　https://www.syutoken-mosi.co.jp/blog/upload/9ca0d74f5029f7426b8957dc62c4045c.pdf

身につけておきたい「英語力」「思考力」「発信力」

Part 2では、おうちでできる英語環境づくり、
そしてグローバル人材に必要とされる英語力、
思考力、発信力を身につけるために
今できることを具体的に解説していきます。
ぜひ、できることから始めてみてください。

第 3 章

無理しすぎない 自宅での英語環境づくり

　ここからは、グローバル人材に必要とされるスキルを身につけるために、おうちでできることをお伝えしていきます。まずは保護者にどんな心構えが必要なのか考えていきましょう。

　英語に力を入れている保護者は、大きく分けて**コーチタイプ**と**先生タイプ**の2つに分かれます。まだご家庭の英語環境づくりをしていない場合は、どちらの教育方針かを明確にしてから取り組むと迷いが減るでしょう。

　英語コーチは主に学習法を決めて課題を出しつつ、課題が完結するように支援するような役割です。英語学習を継続させるのが最大の任務で、英語の内容自体を教えることはしません。その一方、**英語の先生は英語自体を教えます。**もちろん、学習法を決めたり課題を出したりする部分はコーチと一緒ですが、「やらせること」の責任は先生には求められていないのが一般的です。

コーチ 	主に学習法を決めて課題を出しつつ、課題が完結するように支援する。英語学習を継続させるのが最大の任務。家庭での英語環境づくりはコーチの領域の活動が多い。
先生 	英語自体を教える。英語の仕組みを教え、練習相手になり、間違いを指摘してフィードバックする。英語教室に通わせないなら、親がコーチと先生の両方の役割を担う場合も。

図3-1　コーチと先生の違い

家庭ではコーチになって指導する

　家庭での英語環境づくりでは、コーチの領域の活動をたくさん行います。子どもたちが英語に触れられるように機会提供をして、楽しく長期間継続できるように声がけをして工夫する必要があります。英語を教えないコーチの場合は、英語を習得する理論を知ることは必ずしも必要ではありませんし、保護者が英語が得意である必要もありません。

　私の両親は英語の教え方は全くわからず、私の幼少期にただたくさんの知育おもちゃを与えていただけの「与えて遊ばせる英語教育」でした。さまざまなおもちゃやドリルを与えられて、それらを活用するように声がけをされましたが、ドリルの答えが正しいのか両親はわからないことさえありました。

　私の場合は現地校に通っていたので、英語を習得したのは当然なのですが、英語を話しだしたのがネイティブの子より遅かったのに、小学1年生にはネイティブよりよい成績を取るほどの英語習熟度に達していました。両親とゲーム機で暗算ゲームをしたり英語すごろくをしたりして遊び、結構な頻度で勝てたことが嬉しかったのを覚えています。**一緒に活動を楽しむ、褒めたりして達成感を感じさせるなど、学びに並走するというのが保護者のコーチ的な役割です。**

✘ 家庭で先生の役割も担う場合の注意点

　もし保護者が先生の役割を担うためには、**英語力が求められるだけではなく、英語に取り組む時間だけ親子が師弟のような関係になる必要があります。**これはなかなか難しいことです。親子はもともと衝突しやすいうえに、特に共働き世帯では家庭での時間が少ないので、そのわずかな時間で勉強につまずくとお互いイライラしやす

いのではないでしょうか。

　小学生のうちに英検2級までの英語力を身につけたい場合、**学校教育だけでは時間や内容レベルが足りず理解が不十分な部分が出てきます**。「英語が苦手なママによる英語子育て」という趣旨のノウハウをまとめている先輩ママは、徹底的にコーチの役割を担うのみならず、一緒に勉強し、学んだことを共有することで、実は先生の役割も担ってきたのでしょう。

　我が子に英語を教えるためには、親子の良好な関係ができており、関係性をそのときどきで変化させる必要があります。我が家では、私が娘たちに机に向かわせて英語を教えようとすると、全くもってうまくいきません。家では私に先生の役割を求めておらず、むしろ反発心しか出てこないようです。そのため私は、**家庭では主にアプリやワークシートを与えたりして、それを完結させる役割を担って**きました。

　先生の役割は外部の人に任せたかったので、長女も次女も小学校に入った4月から英語教室に通っていました。残念ながら通っていたスクールが閉鎖されてしまい、長女が5年生、次女が2年生のときに私の教室へと移ってきました。ほかの生徒がいる教室内での活動なので成り立っているように思います。

　このように、我が家では英語環境づくりとして、家庭内での活動のほかに**毎週の教室通いを併用しています。これはコストが一番かかる形です。毎週の教室通いをせずにすべておうちで英語力をつける**ご家庭もあります（→p.232）。保護者がコーチとして子どもに寄り添って英語に触れる機会をつくっていけば、コストは抑えられ、うまくいけば親子の関係がよりよいものとなるでしょう。

　中には**英検受験前だけライティング添削やオンラインスカイプ**

レッスンを受講するご家庭もあります。基本的には、自宅で保護者がコーチの役割を担って英語力をつけていき、単発で先生役を外注するので、コスト面では比較的お財布に優しいプランです。どのようなスタイルがご家庭に合うかを検討し、長期間続けられそうな計

「子どもとどう関わるべきか」はよくある悩み！

　保護者から子どもとの関わり方についてよく相談されます。家庭で誰が英語教育のリーダーシップをとるべきか、英語が苦手な自分に何ができるか。すべてのご家庭に共通して言えることは1つしかありません。**継続が重要なので、無理のないスタイルを見つけることが最優先です。**

　私の教室に通っているご家庭の保護者には、ご自身が帰国子女という方も、あまり英語が得意ではないという方もいます。パパ主導で英語教育の戦略を立てているご家庭もあれば、ママ主導の場合も。「英語については先生のアドバイスのとおりに行いたいです」とおっしゃる方も、ご家庭内でさまざまな工夫をされている方もいらっしゃいます。それぞれの方法でお子さんをサポートしていて、お子さんたちは順調に英語力を高めています。いろいろな方法があるので、本書の内容をヒントに「我が家のスタイル」を見つけてください。

　英語が苦手な保護者は、思考力を養うトレーニングや、英語に取り組む学習管理などを主な役割としていることが多いように思います。**英語に触れる時間をつくる、英語を使う機会をつくる、そして英語学習を継続するという3つのことを意識することが何よりも大切です。**

画を立ててください。

　コーチとしての保護者の役割が、英語の環境づくりにおいて最重要であるとお話ししました。ではコーチとしてどのような環境を準備し、どのような活動をすべきかについて考えてみましょう。

我が子の年齢を意識しよう

✖ 乳幼児期は「英語の音の貯金」をつくる

　発達段階ごとに適した行動を英語で取る時間をつくることが英語環境づくりにつながります。乳幼児のうちは言語に関係なく、歌を歌うなど音に関係することをたくさん行うといいでしょう。さまざまな活動を通して身の回りのことを理解していく段階なので、**日本語と英語を区別する必要はありません。たとえ日本語と英語の歌を両方聴かせても、成長に悪影響を及ぼすことはないでしょう。**

　小さいときに英語を生活に取り入れる保護者が理解しておくべき重要なポイントがあります。乳幼児に英語に触れさせることを「英語教育」と考えてはいけません。教育ではなく、英語の音を頭の中に貯金していく機会を与えているのだと考えてください。ある程度の貯金がたまらないと、人間は言葉を発するためのスイッチが押せません。

　「ナチュラルアプローチ（natural approach）」という考え方があります。たくさんのインプットを与えていれば、母語を習得するように第二言語も習得できるであろうという考えで、コミュニケーションに重きを置きます。学問としての語学ではないので、文法知識などを詰め込まず、コミュニケーションツールを「習得させる」という考えに私は共感しています。幼少期は特に「勉強を教える」のではなく「勝手に習得できるように環境をつくる」のが保護者の

役割だと思います。

ナチュラルアプローチにおいて第1ステージとされるのは、「沈黙期」（silent period）です。乳幼児は何も正しい言葉を発しません。それが当たり前なので、このタイミングでは「私のやっていることは意味があるのだろうか」と悩まずに生活に英語を取り入れていれば大丈夫です。その英語の音が少しずつ我が子の脳内に貯金されていると思って、気楽に取り組みましょう。

✘ 小学校入学前にマスターしたいこと

では、小学校入学前に何をしておくべきでしょうか。小学校に入るまでには、日本語と英語の両方で数を数えたり、色の名前を言ったり、文字を認識できるようにしておきましょう。

基本的な考え方は日本語と同じです。多くの保護者が小学校入学前には家庭内で数字やひらがなを教えています。もちろん幼児教室に行く場合もありますが、そうしなくても色の名前、形、数字、ひらがな、カタカナくらいは覚えている子が多いです。英語も同じように考えればいいのです。後述するように、家庭内でDVDを見せたり、ドリルをやらせたり、文字で遊ぶゲームをしたり、いろいろな在宅時間の使い方があります。

✘ 小学校に入ったら4技能の向上を

小学校に入ったらいよいよ「英語のお勉強」を始めやすくなります。机に座って勉強する集中力が続くようになり、文字がわかるようになったら、一気に英語習得が進みます。小学校に入ると、母語で4技能を使いこなして脳内で処理していくようになります。そのタイミングで英語の4技能を向上させていきましょう。

一般的に親離れできていて、長時間の試験を1人に受けに行くこ

とに抵抗がないようになる小学校以降から、英検についても考えるようにしましょう。このタイミングで、保護者が先生役も担えるかそうでないかの判断をすることになるでしょう。**先生役も担えるならば家庭で英語の「指導」も始まります。**指導を外部に任せるなら、**宿題をやらせるなど学習進捗管理が役割です。**

英検は、あくまでも英語環境づくりのツールであることを再認識しておきましょう。**英検を指標にすると、日頃の英語活動を最終的には学習成果に紐付けることに意識が向くようになります。**

小学校時代に必ずどの子も、苦手な科目などで「難しくなったから嫌になった」という時期が来ます。その時期が来ても、ゲーム感覚で英検をクリアしていくようにチャレンジすると、英語学習を続けていけるはずです。そして、**本当にどうしても嫌な時期は、いったん英検から離れて別の英語活動をするなど、我が子の様子を見ながらペース配分をしていくといいでしょう。**ここがコーチの腕の見せどころです。

✖ 日本語以上のことは英語ではできない

成長度合いに応じて、どのような活動に参加できるかを考慮して判断します。しかし、実際には母語である日本語で行える活動のほうが英語での活動よりも圧倒的に多いです。**日本語以上のことは英語ではできないと考えておきましょう。**日本語で英検2級のライティング問題に答えられなければ、そもそもの思考力がついていないということです。この判断をするのが、コーチとしての保護者の役割です。

何事も前提条件があります。例えば、海外でのホームステイプログラムに参加するには、ある程度自立できていることが前提です。ある日インターーナショナルスクールに行きたいと子どもが言いだし

たとき、世界中から生徒が集まっている競争の激しい学校でがんばるガッツがあるかを見極める必要もあるでしょう。

　子どもたちの発達のスピードはそれぞれ異なるので、あくまでも我が子に合ったタイミングで適切なものを与えることが大切です。子育てに正解がないように、英語子育てにも1つだけの正解はないのです。

　ここまでは主に、保護者としての心構えについてお話ししてきました。ここからは、おうちで具体的にどう英語環境をつくっていけばいいか見ていきましょう。

時間がないなら特に重要！
家の中に英語のおもちゃや本を

　我が家は共働きで、私はフルタイム勤務をしていました。家庭で子どもと過ごす時間は、平日だと出勤前の1時間と帰宅後の2時間くらいでした。19時に帰宅し、21時過ぎに子どもは寝る準備をしていたので、このわずかな時間が英語時間であり、そのほかの食事やお風呂など生活において必要なことをする時間でもありました。ワンオペ育児で対応していた時期です。

　私が夕食をつくっているなど手が離せないときには、英語のおもちゃを与えてベビーシッターをしてもらっていたので、私が忙しい時間が娘たちにとっての英語インプット時間となる生活サイクルができていました。

　英語に触れる時間を増やすためには、家での遊びに英語活動を取り入れるのが一番早いです。英語のおもちゃをたくさん与えておけば、自由に遊んでいる時間にも英語に触れる環境をつくり出すこと

ができます。もし我が子の好みがはっきりしていたら、好みに合うものを少数準備すれば長い期間活用してくれるでしょう。

✖ 小学校入学前のおもちゃや絵本の選び方

　小学校に入るまでのおもちゃや絵本選びのポイントは、ネイティブの子どもたちに人気のもの、または我が子が好きなキャラクターのものを選ぶこと。ネイティブの子どもたちに人気のものは、同じ年齢層の日本の子どもたちにも受け入れやすいものだと言えます。旅先で見つけたものや特別な誰かからもらったものも、大切に使うでしょう。娘たちはおじいちゃん（私の父）がアラスカで買ってきてくれた本とぬいぐるみをずっと大切にしています。"The Salmon Princess（Mindy Dwyer著）"というシンデレラのアラスカ版の本は、何度も読むようにせがまれました。

　私は誕生日やクリスマスに必ず英語教材を娘たちにプレゼントしていました。これらのおもちゃを使い、適切な年齢で適切な遊びのお膳立てをすることが大切です。例えば、**保護者が英語ができるなら、就学前は英語でおままごとをしましょう**。ディズニー好きになった次女は、"Doc McStuffins"（「ドックはおもちゃドクター」）になりきって、ぬいぐるみの診察をして、包帯を巻いてあげたりしていました。英語で見ていた番組の真似をしているので、もちろん英語です。私は活動が盛り上がるように英語で一言を加えたりした程度でした。

  塗り絵で色を覚える

英語が苦手な保護者は、一緒に塗り絵をしましょう。娘が5歳くらいになったら、私はたまに塗り絵に色の指定を書き込んでお

くようになりました。そうすることで、色の名前とフォニックス（→p.86）をどれだけ理解しているかを確認することができます。使っている塗り絵自体は、日本のものでした。また、リスニング問題とし、絵の中には数字を振っておいて、

図3-2　塗り絵に英語で色の指定を

"Color all the number ones red.（1と書いてあるところは全部赤く塗って）"のように指示を出すこともありました。このように、遊び時間に必ず英語を取り入れるように意識するだけで、お子さんが英語に触れやすい環境が整います。

デジタルおもちゃで読み書きの力を鍛える

デジタルおもちゃはリーディング力、ライティング力へとつながるためお勧めです。文字を覚えられるおもちゃのよさは、私自身が実体験しています。

幼い頃に大好きで持ち歩いていたのが、テキサス・インスツルメンツ社のSpeak & Spellというおもちゃです。"Spell oven（オーブンとスペルして）"と言われたら、"oven"と入力するだけのシンプル

Speak & Spell復刻版

なおもちゃなのですが、コンピューターのようなものを持たせてもらえて、とにかく嬉しかったです。多くの大人たちがこれでスペルを学んだ思い出があり、その人気から最近復刻版が出ました。

デジタルおもちゃは高額に感じることもありますが、読み書きを教えるのに十分な投資価値があると思います。購入する場合は音や文字が表示されるおもちゃを選びましょう。

　我が家では老舗のフィッシャープライス（Fisher-Price）[1]やリープフロッグ（Leap Frog）[2]のおもちゃを愛用していました。もう10年近く前のことなので少し見た目が異なるのですが、今販売されている「2-in-1 LeapTop Touch」に似たものを小さいときに使っていました。そのほか、ヴィテック（Vtech）[3]はキャラクターグッズとのコラボが多いので、海外旅行をしたときなどに子どもが欲しがることがありました。スマートフォン型をしたおもちゃなど

こんなに楽しい！　デジタルおもちゃ

　右上の画像は、リープフロッグのデジタル地球儀（10年以上前の型）。各国の情報を英語で説明してくれて、しばらく楽しんでいました。比較的高額な商品ですが、今も機能が充実したものが販売されています。

　右下の画像は、ラーニングリソースのワードウィズ（Learning Resourcesの Word Whiz）。フォニックス力を使って自分で言葉をつくるシンプルなゲーム。手のひらサイズなので持ち運びが簡単です。今はスマートフォンアプリのほうが充実しているので、そちらの利用もお勧めです。

は無料ダウンロードできるコンテンツなどが豊富で、アップデートされます。

　フィッシャープライスもリープフロッグも、年齢別に商品一覧を掲示しています。日本のサイトからは手に入らなくても、必ずと言っていいほどアメリカのアマゾンにはあるので、取り寄せることができます。

　なお、**文字を打ち込める機能付きのおもちゃを購入する際は、文字の配列を意識してください。アルファベットを覚えている時期は、アルファベット順に配列されているおもちゃのほうがいいです。**タイピングへの移行を考慮し、アルファベットを覚えきってしばらくしたら、パソコンのキーボード配列と同様のQWERTYのものを選ぶといいでしょう。

 絵本で単語力をつける

　本格的に読書することについては後述します（→p.119）が、小学校に入る前から本を生活に取り入れましょう。乳幼児は、音が出る絵本、日本語で話を知っている絵本などに興味を持ちやすいです。

　子どもが1人で絵本を見る場合は、音が出る絵本が断然お勧めです。飽きずに繰り返し見ているうちに、多くの単語を覚えます。文字と音のつながりを認識できるように、文字も記載されているものが長く使えます。

　例えば歌なら歌詞がついている、オノマトペなら文字と絵で記載があるものを選ぶように意識していました。牛の鳴き声なら、牛の絵とmooという文字があるといった感じです。日本で発売されている英語の歌が流れる絵本は、大型の書店に行けば見つけられるでしょう。ボタンを押せば歌が流れてくるような絵本です。

気に入ったものを選んでください。

　洋書だと、"Hear Bear Roar 30 Animal Sound Book"のようなエリック・カールのシリーズや、幼児用映像教材を多く発売しているベイビー・アインシュタインの"Amazing Animals！"などが人気です。**海外では、英語の絵本は幼児は音付きで見るのが一般的です。**これらの絵本をアマゾンで検索すれば、たくさんの音付き絵本がお勧めされるはずです。

　自分で絵本を読めるようになる前でも、子どもだけで読んでいるような雰囲気を出しやすいのが絵辞典です。親子で活用するのが王道の遊び方だと思います。我が家では、『こどもずかん英語つきよくばりバージョン』（学研プラス）を使って、英語と日本語で単語を覚えていました。保育園にもこの本があったので、保育園では日本語を保育士さんと覚えてきて、家庭内で英語で単語を覚えていました。**絵辞典では、英検5級と4級あたりでよく出てくる食べ物や動物、体の部位の名前などを覚えやすいので、基本的な単語をあっという間に覚えられます。**

　普通の絵本よりはコストがかかりますが、私が買ってよかったと思っているのが、しゃべるペン付きの絵本です。今では日本でもたくさん開発されています。例えば、旺文社の「ペンがおしゃべり！えいご絵じてん」シリーズは絵をタッチすると音が出る仕様です。公文式もこのような手法で英語を教えています。

　娘たちが小さい頃、このような教材はあまり日本になかったため、我が家が使っていたのはリープフロッグの1～3歳向けのLeapReader Juniorと4歳以上向けのLeapReader Reading and Writing Systemのペンと絵本です。**ペンを購入し、絵本は買い足していきます。英語の理解度に合わせて本を買い足せるというメリットがあります。**英語で読みはじめる支援をするのが難しい場

合は、こうした教材に投資して損はしないでしょう。我が家では
いろいろと教える時間がなかったので、娘たちは後述する多くの
アプリとリープフロッグのペンで、どんどん英語が読めるように
なりました。

　LeapReader Juniorの「ジュニア」は、レベルではなく対象年
齢と形状を指すので注意してください。Juniorは3歳以下の子ど
もに適した、握って持つ大型ペンです。**3、4歳頃から買い与える
なら、LeapReader Reading and Writing Systemのペンからスター
トすれば、高学年になるまで長く使い続けることができます。**

 映像教材と音源を使い分ける

　疲れている様子であまりおもちゃで遊びそうではない日は、
DVDやディズニーチャンネルをつけると、娘たちはボーッとテレ
ビを見ていました。食事をつくっている間、飽きずに静かにして
英語を聞いてなんとなく覚えてくれたのでとても助かりました。
本当に疲れ切っているときには、映像すら見せずに洋楽をかける
などしてゴロゴロさせていましたが、**聞き流しが有効なのは主に
幼少期のみです。小学校に入ったら文字と一緒に音を認識してい
くようになり、わからないことがあると気になりだします。**

　今ではNetflixなどさまざまなサービスがあるので、何を使っ
てもいいと思いますが、せっかくの期間限定聞き流し期を活用し
ない手はありません。できるだけ英語の映像と音を生活に取り入
れましょう。なお、アメリカでも screen time（**映像を見る時間**）
**に制限をかける子育てが一般的で、乳幼児には1日1時間程度に
しておきましょうなどと言われています。**日本と同じですね。

　洋楽は、私の好みでそのときどきのヒットソングをかけていた
こともあれば、子ども向けの音源をかけていることもありました。

Wee SingのCDまたはmp3に入っている歌は昔からの王道ばかり。私が子どもだった40年近く前から、ずっと子どもたちに人気です。まずはWee Sing Children's Songs and Fingerplaysからスタートすれば、ネイティブの子どもたちが数や時間、曜日の名前などを学ぶために活用している歌を一通り覚えることができます。ちなみに、私はいまだにWee Sing for Christmasが好きで、クリスマスシーズンにかけます。私は初版のカセットテープで歌をすべて覚えましたが、デジタルミュージックの時代になっても子どもたちが歌える曲ばかりです。SpotifyやAmazon Musicなど、会員登録制のプラットフォームで聴くことができます。

海外のコンテンツを購入しにくい場合は、日本で買える英語の童謡のような音源を聞かせて、歌をたくさん覚えさせるのもいいでしょう。日本語でも同じ歌を知っていれば、子どもたちは両方の言語で歌いやすいです。

つい最近次女が「E-I-E-I-Oの人ってIchiro McDonaldって名前だよね」と尋ねてきて大笑いしました。英語では"♪Old McDonald had a farm, E-I-E-I-O♪"という歌詞ですが、日本語では「♪いちろうさんの牧場でイーアイイーアイオー♪」ですよね。だから登場人物のフルネームはIchiro McDonaldだというのは、子どもながらのロジカルな結論だと思いました。

私の場合はフルタイム勤務で、1日の中で子どもと過ごす時間が短いという制約があったため、主に子どもにいろいろと与えてきただけです。それなりの英語力がつきましたが、本来は録音データよりも人間の生の声のほうが赤ちゃんの興味を引き付けられるので、我が子と「一緒に」英語の歌を聴きながら口ずさむだけでもいいの

で、行ってみましょう。時間の課題がさほど深刻ではない場合は、ぜひ家族で活動する時間をつくってくださいね。

英語メモを貼るだけで単語力アップ

　後述しますが、読む力は書く力へとつながります。文字が書けるようになってきたら、子どもは少しずつおもちゃを卒業します。代わりに、本格的な読書用の本やドリルが必要になります。本格的な読書期に入る前のこの時期には、特にお子さんが小学生以下の場合はトイレトレーニング表やお手伝い表など、家にたくさん英語を書いて貼っておきましょう。

　すると、家庭内で自然と単語の見た目を覚え、英語を特別なものと思わずに読むようになり、そして英語で書けるようになります。後述するフォニックスの決まりごとですべてが読めるわけではありません（→p.86）。そのため、いろいろな単語を読み、書けるようになるには、たくさんの活字を目にしておく必要があります。

MY CHORE CHART	S	M	T	W	T	F	S
Make my bed							
Feed the dog							
Set the table							
Clean my room							
Put clothes away							

図3-3　お手伝い表も英語で

　我が家のトイレトレーニング表には、greatやgoodなど英語で書き込んでいました。するとある日、長女はgoodと紙に書いてい

ました。すべての文字に〇があるのがおもしろかったようで、4つ〇を書いてから、gには下にカールをつけて、dには右横に線を引いていました。まだ3歳の頃ですから、**目に入るものの形状をよく見ている**なと感心したのを覚えています。

また、子どもが描いてくれた似顔絵の下に英語でDad、Momと追記するなどして壁に貼りました。何度も壁にある自分の絵とDadとMomという文字を見ることになったので、まだアルファベットをすべて覚えていない3歳頃に、DadとMomだけは書けていました。

私の教室に通っている小学生の生徒さんは、おうちに英語のお手伝い表を貼っているそうです。授業で教えていない家事の英単語を次々に挙げていたので、聞いてみたら「おうちにママがつくった表があるの」と教えてくれました。このように、**家庭内で目にしていれば、わざわざ英検対策として単語を暗記しなくても知っていることがたくさんある状態**になっています。

英語が得意な保護者は、何でも英語でつくってしまうことができると思います。英語が苦手な保護者は、英検問題から家の中に貼れそうな単語を拾って活用するという逆算式で考えるといいでしょう。または、英語の子育てサイトを活用することもできます。「free printable parenting charts」などで検索をすると、**いくつもサイトが提案されます**。例えば、Priceless Parenting[4]はコンテンツ数は多くないのですが、PDFファイルがすぐ使えて便利です。

英語が読める保護者は
英語子育てサイトで情報収集を

保護者が英語を読むのが苦でなければ、英語の子育てサイトで情

報収集をすることをお勧めします。子育てに対する考え方が日本と全く異なる点などもあり、発見があるかと思います。私は妊婦だった頃からbabycenter[5]のサイトで情報収集をしてきました。そもそも出産に対する考え方も日本とは全く異なり、痛みを感じて産むことはナンセンスだという投稿もあったりと、いろいろな考え方に触れることができました。子どもの年齢別に子育てのヒントが掲載されているので、**子育ての悩みの解決や家庭内で使う英語ポスターやメモをつくるのに役立ちます。**

ネイティブの子どもに人気のあるものを把握するのにも、英語のサイトは便利です。PBSはたくさんの子育て情報を扱っています。日本で言うNHKのような公共放送局なので、残念ながら動画は米国内からでないと見られないものが多いです。しかしウェブサイト[6]を見ることはできます。PBSでは、私が子どもの頃大好きだった"The Cat in the Hat"や"Clifford the Big Red Dog"、そしてセサミストリートなどの番組や、比較的最近スタートし、娘たちも好きになった"Pinkalicious"などが放映されています。人気番組は本どんな本を買い与えるといいかのヒントを得ることもできます。

英語時間をつくるために
家庭内ルールを徹底しよう

英語を習得する環境づくりには、家族一人ひとりの「期待値コントロール」が大切です。よくビジネスにおいてクライアントに対して使われる表現です。相手の期待値を適切なレベルに保つと、高い評価や満足度を得やすいということを意味します。**英語の環境づくりも、家族内での方針が一致していることが大切です。**我が子との

決まりごとをいくつかつくり、家庭方針として英語学習を大切にしていることを明確にしましょう。

　我が家のルールはすべて、「英語時間を稼ぐ」ことにつながります。英語時間を生活に組み込む方法を考えることが、ルールづくりの目的です。以下はあくまでも我が家で実践してきたことで、同じ方針にする必要はありません。**ルールをつくったら徹底して守らせる、という保護者としての根気が「英語は大切」という子どものマインドセットにつながります。**各家庭で長続きするルールをつくるようにしましょう。

 ### 我が家のルールその1：ママとのお風呂は英語のみ

　我が家では**いわゆる「英語で話しかける子育て」はほぼやってきていません。**常に英語で声がけをする手法は保護者が一緒に英語に取り組む姿勢を見せるために有効だと思います。しかし忙しい毎日の中、私にそのポリシーを徹底して行う忍耐力がなく、無理だと感じたのでやっていません。

　それでも毎日英語に触れる時間を10分でもいいからつくることは意識してきました。娘たちが小さいときは「お風呂時間は英語」というルールを決め、徹底していました。幼いうちはほぼ私の一人しゃべりでしたが、英語をアウトプットする時間だと思い、割り切っていました。

　そのうち娘たちも簡単な会話をするようになりました。**日本語**

でお風呂を出るまでの時間を数え、ひらがなチャートを貼って覚えるように、英語でお湯につかる秒数を数えたり、浴室内に貼れるアルファベットチャートで文字を覚えたりしていました。

　次女が3歳になる前くらいに、自分たちだけでお風呂に入るようになっても、長女がそのまま英語を使い、次女も英語で答えていました。**習慣化したものは継続しやすいです。**

　家庭内で「ちょっと変わったこと」をしていても、小さいうちは自然と受け入れ、それが習慣化します。ぜひ我が家流の英語時間を取り入れてください。

　英会話が苦手な保護者は、一緒に英語の歌を歌うだけで十分です。歌を覚えることで単語を覚え、シンプルな構文も自然と身につきます。お風呂ではなく、寝る前に少し時間を取る、料理をしているときにそばにいてもらって料理する具材を英語で言うなど、**習慣化しやすい時間を選び、なんらかの行動と共に英語時間をつくることをお勧めします。**毎日やることと併せて英語を使うことが家庭内で習慣化すれば、無理が生じません。そして、習慣は子どもの成長と共に変化してもいいのです。

我が家のルールその2：
絵本は子どもがママに「読む」

　我が家では子どもたちとお風呂に入らなくなってからは、子どもに絵本を読んでもらっていた時期があります。保護者が子どもにではなく、子どもが保護者に「読む」のです。これをまだ字が読めないときにやっていました。つまり、

本のページをめくり、**暗唱しているものをページごとに言ってくれているだけです。**でも、本人は読んでいる気満々です。

　これをできるようにするには、まずは絵本の内容を覚えてもらう必要があります。保護者が覚えるまで読み聞かせるか、または絵本読み聞かせのDVDまたはYouTubeを活用するといいでしょう。それを何度も見せれば覚えてしまいます。**その発表機会として「ママに読んで？」「パパに読んで？」と言えば、張り切って「読んで」くれるお子さんが多いと思います。**

　暗唱というのは、大人の真似をして学ぶ幼児の頃に最適の活動です。暗唱を通して単語を学び、文法的な概念までは理解しなくても、語順を感覚的に捉えられるようになります。

　使用するのは、歌でもいいと思います。歌が好きなお子さんなら「子守唄を歌って？」とお願いして、英語の歌を歌ってもらってはどうでしょうか。

　小学校に入り、宿題が増えると寝る前に本を読む時間がなくなりました。このルールを卒業してしまってからは、学校で英語のスピーチをするときや、英検を受験する前の約2週間は、子どもたちが寝る前に私のもとへ来て10分くらい音読をするようにしています。

 ### 我が家のルールその3：
ディズニージュニアは英語オンリー

　お風呂に一緒に入っていた時期から小学校を卒業するまで、ずっと消滅させなかった我が家の厳格な家庭内ルールは、「ディズニージュニアのチャンネルは英語で見る」です。日本語で見ていたら契約を解除するつもりで徹底してきました。でも、このルールの徹底には少し苦労をしました。

小さいうちは英語でも日本語でも特に違和感なく楽しんでいましたが、年長さんくらいになった頃には日本語で見るほうが楽になっていたので、日本語で見たがりました。子ども向けのプログラムとはいえ案外複雑な表現が出てくる

ので、子ども自身が「英語は難しい」と感じ始めていた頃です。

　人間は楽なほうに逃げたくなるものです。「英語は難しい」と言いだしたタイミングが、保護者の粘りどころです。こっそり日本語でディズニーチャンネルを見ているのを発見したときには、「次に日本語で見ていたら、契約を解除する」と伝え、「日本語のテレビが見たいなら日本語の番組をつけなさい」と言っていました。そう言われて娘たちは日本語の番組を選ぶこともありましたが、それはそれでよしとしていました。大人の私ですら、疲れているときに外国語として学習していた中国語を聞かされたらもっと疲れたものです。

　とにかくルールは曲げないこと。ディズニーチャンネルは英語、ほかのものは日本語として、見る権利を残しておけば、運用しやすいルールになります。**家庭内のポリシーを一度曲げたら、貴重な英語時間がつくりにくくなります。英語学習に使える貴重な機会を自ら失わないように、私はひたすら「英語で見ないなら消す」と言い、本当に消し続けることでこの戦いに勝ちました。**子どもたちは今でもときどきディズニーチャンネルを見ますが、自ら英語に設定しています。

　ほかにも、お誕生日やクリスマスにお気に入りのディズニーキャラクターの英語絵本やおままごとセットをあげて、モチベー

ションを上げていました。興味関心を維持することで、またディズニーチャンネルを自分でつけてくれるように心掛けました。もちろんディズニーチャンネルである必要はなく、DVDでも洋楽でも教材は何でも大丈夫です。**映像がヒントになるので、視覚教材は今のレベルのものか少しだけ難しいものを与えましょう。**

　語学に興味のある人はすぐにわかると思いますが、ルールその1の「お風呂は英語のみ」というのはアウトプット練習です。そして、ルールその3の「ディズニージュニアは英語オンリー」はインプットの時間です。インプットして学び、それをアウトプットとして話すときに使う、というサイクルができ上がることが理想です。

英語イヤイヤ期が来ても、
手を変え品を変え続ける

　小学生になると、私が「英語イヤイヤ期」と呼んでいるものがやってくる可能性が高いです。もちろん一度もそんな期間がなくスムーズに英語学習を継続できるお子さんもいます。しかし、「何のために勉強しないといけないのかよくわからない」「英語は難しい！」という2つの主張を訴える子が非常に多いです。

　そして、**子どもながらにいろいろとやりたいことが出てきて、時間の優先順位について考え始めます。**「日本語で話すお友達と日本語で遊ぶことを常に最優先にしたい」といった思いも出てくるでしょう。また、**小学生になると学校のテストで学力を測られるようになってきて、できないことは悪だという概念も植えつけられます。**だからうまくいかないことは避けたくなってきます。

わからないと、嫌になってしまう！

「わからない表現が混ざっている英語を聞く」時間が苦痛になってくることはよく知られています。スティーブン・クラッシェンが提唱した「情意フィルター仮説」は、ネガティブな感情があると言語習得が難しくなる、という当たり前のように聞こえる考えです。言語習得の壁になるのはモチベーションの低さ、自信のなさ、そして不安感です。

英語が日本語ほどよくわからないことに気づくと、子どもながらに自信がなくなり不安になります。そんなときには、英語は全部わからなくてもいいと伝えてあげてください。**日本語のように英語ができていなくても全く問題ないことを本人が理解して、聞き続けられるような環境づくりをしましょう。**その時期を越えると、今度は「日本語で生活しているんだから日本語のほうが英語よりできて当たり前。それなのに私は英語が得意！」という自信を得られるフェーズに入っていきます。

✖ イヤイヤ期に対する３つの選択肢

このような理由で「英語イヤ」と言いだすお子さんはかなり多いので、そのタイミングが来たら、保護者はきっと以下の３つのパターンから方針を選ぶことになります。

1. 子どもの意思を尊重して、英語をやめる
2. 親の意思を尊重して、今までどおり英語を続ける
3. お互い妥協できるところで手を打つ

我が子の意思を尊重すれば、別のことに力を入れる時間も捻出でき、一生取り組める好きなことを見つけられるかもしれません。要は、別の教育的な投資先を見つけられる可能性があるわけです。**親の意思を尊重して今までどおり英語を続けるならば、うまくモチベーションを戻せるように、保護者が試行錯誤することになります。そのため保護者は悩み、ストレスや不安を抱えますが、将来「あのときに続けてよかった」という明るい未来が待っているかもしれません。**共に不確かな話であり、正解はわかりません。

　我が家の場合は、お互い妥協をして折り合いをつけてきました。そのため、我が家では家庭内ルールを年齢によって変えているように、英検についての考え方を途中で変えていっています。例えば我が家では、「毎年英検を受けよう」という目安がありましたが、長女が準2級を終えて「もう嫌だ」と言いだしたので、2級に取り組むのは1年半くらい休みました。4年生になりたての頃です。

　英検には取り組まなくてもいいと伝えただけで、心は軽くなったようです。その代わり、英語のレッスンだけはどこか好きなところで続けなさいと伝え、**複数の教室の情報を与えて本人にどうするか決めさせました。**保護者がある程度方向性を決めてしまっているので、本当に本人が自分の好きなことを選んでいるわけではないのですが、少なくとも複数の選択肢から選んだという事実が本人の中には残ります。

　「続けなさい」という話をしたときには、私はかなり厳しめの言い方をしました。「算数をやりたくないと言ったら算数をやらなくてよくなるの？　歴史が嫌いだからってやらなくてよくなるの？　英語も同じで、あなたがやりたくないと言ったからママがやらなくてもいいと言うと思う？」と。このタイミングで、娘が自ら英語の教材やおもちゃに触れているという状況から、「英語をやらせてい

る」状態に変化しました。このあたりは、ご家庭の子育ての考え方そのものによって判断することになります。

✖ 英語を続けるために親ができること

英語は継続しないといけないということを親子での共通認識にしたあとは、**英語で簡単なことを楽しめる場所に連れていくなど、英語活動のレベルを落として、難しくないことができるように工夫しました**。例えば、東京のお台場にある「TOKYO GLOBAL GATEWAY（TGG）」という英語施設で半日を過ごしたあとに、今は閉館してしまいましたが向かいの大江戸温泉に行って楽しむということを数回していました。英語よりも大江戸温泉での時間のほうが楽しいわけですが、TGGでは比較的簡単な楽しい活動が多いので、英語も悪くないという感覚は少しずつ戻りました。

また、運動をしたがったので、英語で行われる体操教室のMy Gymにも行かせていました。ディズニーものは英語でしか見てはいけないというルールについて嫌がったときは、**非日常的な活動になるように工夫をしました**。"Movie Night" と名付けて見せただけなのですが、ポップコーンにつられて抵抗がなくなったようです。長期休暇では、シンガポールのホテルでゲーム大会に参加して景品をもらったり、夏休みにアメリカのサマーキャンプで友達がつくれたり、「英語ができてよかった」と思えることが少しずつできて、**「やっぱり英語っていい！」という気持ちに戻りました**。

イヤイヤ期を乗り越えた長女は、中学校のグローバルコースに進みたいという思いを持ち始め、5年生で英検2級に取り組んで合格。そして、6年生になりコロナ禍の中で中学生になる自分を想像したときに、「留学プログラムが組み込まれているグローバルコースのある中学校では、もしかしたら留学に行けないかもしれない」と考

え、「今から完全な英語環境に身を置くのはかなり大変だよ」という私の話を理解したうえで、インターナショナルスクールに行くことを選びました。

このように、**イヤイヤ期は2歳児のものがそうであるように一過性のものである可能性があります**。必ずしもすべての親子が英語のイヤイヤ期を乗り越える必要はないかもしれません。英語よりもっと本格的に取り組みたい習い事ができたということで、私の教室を退会されたお子さんもいらっしゃいます。しかし「**英語が難しくなったから嫌だ」というタイプのイヤイヤ期は、私の英語教室に通うお子さんを見ていても、1年ほどで克服することがほとんどです**。どこまで保護者が我が子の本心を見極めて、工夫して乗り切れるかがポイントです。

お財布事情に基づいて仮の計画を立てよう

工夫は必要ですが、お金をかけない英語学習はもちろん可能です。もしインターナショナルスクールや留学を考えているなら、どのタイミングがいいのか、お財布事情を考慮しておく必要があります。どこの国の学校かにもよりますが、インターナショナルスクールも海外留学も年間数百万円がかかります。幼稚園をインターナショナルスクールにして、日本の小学校に入って習い事としてしっかりと英語を続けるご家庭もありますし、本来は日本の小学校に行くはずが、我が子の様子を見てずっとインターナショナルスクールに入れておくことを決断する保護者もいます。

本書は基本的に、日本の小学校に行くお子さんのことをイメージして書いていますが、計画は変わるものです。そのときどきで最善の選択をするためには、常に最新の学校情報を得ておくといいで

しょう。国公立のスーパーグローバルハイスクールは全国にあります。英語に強い学校に関する雑誌などが毎年出ているので一読しておき、ご家庭の選択肢を把握しておくことが大切です。

　我が家の場合は、本来は英語に強い日本の私学に在籍しながら、高校では学校のプログラムによる留学を体験し、英語で学ぶ日本の大学または奨学金が取れるならば海外の大学に行ってほしいと願っていました。しかし、長女の意向によりインターナショナルスクールに入りました。ずっと経済的に余裕があるとは思えませんので、できることなら高校から日本の学校の国際コースで過ごしてもらえたらと願っています。このように、ある程度経済的な観点から計画を立てておきながらも、我が子の成長や興味関心の変化に基づいて、変化に柔軟に対応できる心構えをしておく必要があります。

この章のまとめ

我が家の環境づくり5か条
・ライティングとスピーキングにつながることを行う
・英語レベルと興味関心に合ったことを行う
・知的発達と精神的発達を考慮する
・お金も方針も無理しすぎないよう柔軟性を持つ
・どうにか時間を捻出して、英語に触れることを継続する

1　https://www.fisher-price.com/、http://mattel.co.jp/fisher_price/
2　https://www.leapfrog.com、http://www.leapfrog.jp/
3　https://www.vtechkids.com/
4　https://www.pricelessparenting.com/chart-for-kids
5　https://www.babycenter.com/child
6　https://www.pbs.org/parents

「英語力」を育む指針①

フォニックスと サイトワーズ

　英語を日常生活に取り入れると決めたら、早速いろいろな活動を スタートしましょう。小学生のゴールは、アカデミックな英語力を つけることです。4技能のすべてを伸ばすように意識しましょう。 第4章〜第8章では、家庭内でできる活動例を紹介します。まずは シンプルな単語練習に関する内容、次に4技能の育成に役立つ活動 についてを「聞く」「読む」「書く」「話す」の順でご紹介します。

フォニックスが すべてのスターティングポイント

　英語に強い子を育てたければ、phonics（フォニックス）学習が 必須です。音と文字を紐づけた発音と読み書きのルールであるフォ ニックスの習得がリーディングへつながり、それが語彙習得へとつ ながります。フォニックスの知識は、話すときや、書くときにも活 用できるようになります。

　フォニックスではa, b, cの音はア、ブッ、クッ。このような音を 覚えていき、phonemic awareness（文を構成している音の認識力） を向上させます。**アメリカでは幼稚園（Kindergarten）で5、6 歳の国語の一環として、かなりの時間をかけて取り組みます。**そし てその習熟度合いを測るものとして、Spelling Bee（スペリング・ ビー）という大会が頻繁に開催されています。この大会では単語を 正しくスペルすることができるかを競うのですが、クラス単位、学 校単位、地域単位、また全国レベルで実施されています。

なぜそこまでフォニックスの習熟度が大切なのか。それは、英語はアルファベット名とそのアルファベットの出す音が一致していないからです。一般的な規則性がフォニックス。そして、例外的なつづりも多数あるので、Spelling Beeを通して、初中級者向けには規則性のある単語を書き出すことができるかを測り、上級者向けには例外的な単語のつづりがどれだけ書けるかを試しているのです。

　私はフォニックスの基礎を習得し終えてから、**英語教育のスタート地点に立てる**と考えています。それまでは**教育ではなく、英語で遊んでいる時期**です。「教育」を受け始めてからでないと、英語をすぐに忘れます。英語学習の小休止をとってもあまり悪影響が出ないのは、完全にフォニックスをマスターして**読み書きをした経験が積み重なってから**です。英検で言えば、準2級まで合格している子は大幅に英語を忘れてしまうことはないでしょう。

　私はまずは9歳までアメリカで教育を受けたのですが、年齢的にフォニックスの基礎はすべて習得済みでした。しかもフォニックス好きでSpelling Beeに出ることを目標にしていたので、しっかりと読み書きができており、現地の「国語」は飛び級をして5年生と学んでいました。日本にいる期間に英語維持の活動はほとんどしていませんでしたが、本だけは英語で読んでいました。その一方で、**私の弟はフォニックス習得前に日本に帰国しています。弟は話していたはずの英語をあっという間に忘れていました**。本が読めないと、1人でできるインプット活動がなかなかできないからです。

　このように、**基礎力は我が子の将来に大きく影響します**。英語に触れ始めたタイミングにもよりますが、概ね5〜9歳の間に完璧にマスターしましょう。毎日のように学習していれば、半年もあればほとんどのルールは覚えられるはずです。そして、そのあとにもう

少し力をつけていけば、そう簡単には失われない英語力が身につきます。

フォニックスの基礎学習にアプリを活用しよう

　音と文字のルールを学ぶのに一番適しているのがアプリ。動画などでルールを学べて、タップすれば音が出て、そしてスペリング問題をたくさん解くことができます。カリキュラムがしっかりでき上がっているアプリがほとんどなので、1つの概念を理解してレベルアップに適切なタイミングになったら、次のステップに自動的に進めるようになっています。保護者はアプリに任せておけば、学習順などを意識する必要がないので、与えるだけで完結する「手抜き教育」ができます。

✖ 音をなんとなく理解する段階
　未就学児が見るだけで楽しめるのが、Elmo Loves ABCs。セサミストリートのコンテンツを流用したような映像教材アプリです。エルモを知っていればより愛着がわくでしょう。アルファベットの書き方を見てから文字をなぞったり、動画を見たりすることができるので、音をなんとなく理解するフェーズに適しています。

✖ スペルと音をつなげて覚える段階
　次の段階として、文字と音の関係性を理解するのに適しているのがFirst Words Deluxe。娘たちはこのアプリで、フォニックスの基礎をほぼすべて習得しました。薄く文字が書かれているところに文字をドラッグ＆ドロップして単語をつくっていくうちに、音とスペルを覚えていきます。ちょっと残念なのが、本当に基礎しか収録

されていない点です。子どもたちがつまずきやすい母音やdi-graphs（複数の文字で1つの音になるshやchなど）の練習ができません。そのためこの時期にABC Mouse（→p.126）も少しずつ使い始めました。

❌ 音をもとにスペルを当てる段階

First Words Deluxeでスペルの感覚をつかんできてからは、ABC Mouseと並行してPocketPhonicsというアプリを使っていました。文字をなぞって書いたり、タップして単語をつくったりする点がABC Mouseと異なります。また、スペルのためのヒントがありません。ある程度フォニックスの知識がないと正解できないので、どれだけ定着したかを把握するのに役立ちましたし、指で文字を書くというステップも娘たちには必要でした。もう1つPocketPhonicsで気に入っていた点は、音をもとに文字を書くと、つくった単語の絵が出てくることです。語彙力育成にも役立つアプリです。

こうして段階的にアプリを変えて娘たちにフォニックスの基礎を身につけさせました。なお、**フォニックス学習期間中はカタカナは絶対に使わないほうがいいでしょう。英語にしかない音がたくさんあるので、英語の音は英語で身につけるべきです。それが幼い頃から英語に触れる一番のメリットでもあります。音をそのまま聞き取り、口から出せるようにしてください。**

私の教室では、フォニックスをマスターしている上のレベルのクラスでは、イレギュラーな発音の単語にカタカナを使うのは許容していますが、聞こえるままに書くように、そして英語にしかない音（例：th）は英語で書くようにさせています。

フォニックスを学んできていない保護者のみなさんは、ぜひお子

さんと一緒に学んでみてください。お子さんと一緒にフォニックス練習をしていたら、保護者の発音が格段によくなり流暢になったという話も聞きます。

映像教材も活用しよう

　アプリだけだと飽きるかもしれませんし、せっかく気に入ったアプリを見つけてもすべてのルールを網羅していないかもしれません。そんなときには動画を活用しましょう。フォニックスは一度覚えてしまえば何度も見るものではないので、高額な教材を購入する必要はなく、YouTubeにある多種多様なフォニックス動画で十分でしょう。英語でphonicsと打ち込めば歌もレッスン動画もたくさん見つかります。

　特に何度も見てほしい動画が、母音に関する内容。"silent e / magic e"は単語の最後につくと、そのeは無音で、単語の途中にある母音を長母音にします。sitがsiteになるのはiの短母音がイの音、iの長母音がアイの音だからです。同様に、aiのように母音が並んだときには前の母音が長母音になり、後ろの母音は無音になるためmailの読み方はメイルになるわけです（aの長母音はエイ）。"bossy r / controlled r"というrが続くと母音の音が変化してしまうという決まりごともあります。このようなルールを歌の中で説明してくれたり、レッスン動画で先生が説明してくれたりする動画を見つけましょう。

　ちなみに、私が運営している教室では、私がつくったオリジナル曲を使ってルールを覚えてもらっていて、わかりやすいように日英の歌詞にしています。英語に自信がない保護者は、そのようなバイリンガル教材を見つけるといいと思います。

最近コンテンツが充実してきた「あいうえおフォニックス」のサイト[1]では日本人にわかりやすい区分けでコンテンツを整理しています。LA在住のYou-Tuberがコンテンツを作成しています。カリフォルニア州の小学校の教育課程どおりにはなっていないようですが、教育者が作成したものではなくても、無料教材はうまく活用するといいでしょう。

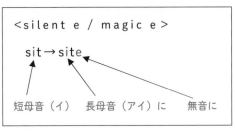

図4-1　フォニックスのルールの例

図4-2　著者オリジナルのフォニックス動画

ワークブックやワークシートで手書き練習を

　フォニックスはアプリや映像教材で学べますが、**最終的には文字が丁寧に書けないといけません。**特に右向きか左向きかで混乱しやすいb, d, p, qや、線の長さが異なるだけで違う文字になってしまうn, h, a, dに注意を払えるようになるのは、実際に紙に書く活動を通してです。**ドリルを買ってきてアルファベットを書かせたり、お手本の文字を書いてあげてノートに書き写させるなどして、きれいに字が書けるように練習させましょう。**

✖ bとd、pとqの覚え方

　bとdで混乱してしまう子どもがネイティブにも非常に多いのですが、私は自分の指を使って確認する方法で指導しています。bedという単語を書き出させます。bedは寝る場所なので、寝られる状態にならないといけません。両手の親指を立ててこぶしをくっつけます。そうすると、人差し指から小指までが寝る場所になり、2本の親指がベッドの頭と足の部分になります。それを見て、どちらがbでどちらかdかを判断します。

　pとqも同様に、両手を使って親指を上に立ててからひっくり返せばpとqになります。アルファベットは紙に左から右に書くので、その順になっています。opqrとアルファベットの音を確認しながら書けば間違いません。このようにお子さんが覚えやすい方法を考えながら、きれいな文字が書けるように支援しましょう。

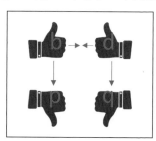

図4-3　bとd、pとqの違いはこうやって覚える!

フォニックスと並行してサイトワーズも暗記

　フォニックスと並行して覚えないといけないのが、サイトワーズ(sight words)。**サイトワーズは、about, come, sayなど、見たらすぐにわかるべき単語です。**フォニックス学習の進捗を待ってからではなく、暗記ものとして同時並行で覚えてください。サイトワーズは1930年代につくられたDolch Word Listと1950年代につくられたFry Word Listが有名です。共に当時の小学低学年までに読む本で使われている単語の頻出リストです。これらを覚えておけ

ば、本の半分くらいの単語が読めると言われており、ネイティブは小学校に入学してすぐに暗記し始めます。

　フォニックスの力で読めるものもありますが、シンプルなルールでは読めないものがたくさん含まれています。私の教室ではDolch Word Listのほうを活用し、タイムトライアルで何秒で読めるかを競わせています。表を見ながら何度も言って覚えるのが一般的ですが、「sight words song」と検索をかけるとYouTubeにたくさんの歌があるので、歌を活用して覚えてもいいでしょう。

フォニックスとサイトワーズの絵本に挑戦

　少し読めるようになってきたら、スカラスティック社の"First Little Readers"や"Sight Word Readers Parent Pack"を活用しました。とても小さく薄い本で、子どもが1人で読み始めるのに適した本です。

　本がたくさん家にたまると困ると思うので、先生向けの"Reproducible Mini-Books"を購入するのがお勧めです。"100 Sight Word Mini-Booksや25 Read & Write Mini-Books That Teach Word Families"（共にスカラスティック社）のドリルは、先生向けに何

先生用のものを買えば、コピーして使える

93

度も印刷できるようになっています。1,000円くらいで購入できるものがほとんどです。絵が複雑でないものは塗り絵にも使えます。「Reproducible Mini-Books」とアメリカのAmazonで検索すれば見つけられます。

　英語好きな保護者にお勧めしたいのは、韻を踏んだフォニックス絵本を読んであげること。音遊びができますし、保護者は韻を踏んで上手に読むために練習することを通して、英語のリズムや発音がより上手になるはずです。私のお勧めは、スカラスティック社の"AlphaTales（26 Book Bundle）"。昔、子ども向け英語教室の教員採用の業務を担当した際に、この音読ができるかどうかを1つの評価指標にしたことがあります。英文学などを専門としていてフォニックスを学んできていない英語教員は、上手に読めません。小さな子に英語を教えるのにはフォニックス知識は必須なので、この本を音読図書に選びましたが、のちに私の子育てでもとても役立ちました。

この章のまとめ	
〈5〜9歳：学び始め〉 ・アプリでフォニックス学習 ・映像でフォニックス学習	〈5〜9歳：書ける／読めるようになったら〉 ・ワークブックやワークシートでフォニックスの手書き練習 ・フォニックス／サイトワーズ絵本

1　https://aiueophonics.com/

第5章

「英語力」を育む指針②
語彙力をつける

　語彙はその言語に日々触れていれば、本来自然に増えていくものです。それでも国語の授業で漢字テストや類義語に関する問題が出るように、英語の国語、つまりネイティブの子どもたちが受けている授業でもスペリングテストや類義語に関する問題が出ます。我が家では単語理解の整理に英検のタイミングを活用し、普段はあまり単語に特化した活動はしていません。もちろん毎日単語学習をしてもいいのですが、多読や多聴を優先するなら、今まで学んだことを整理したくなったタイミングで、これからご紹介する活動を取り入れるといいでしょう。

基本的な単語は小学校入学前に
歌や音の出る教材で覚える

　歌が大好きな小さい頃は、歌ったり体を揺らしたり踊ったりしながらあっという間に新しい単語を覚えます。大きくなると恥ずかしがる子が増えてきますが、小学校低学年頃までは抵抗なく英語の歌を歌える子が多いので、この時期に基本的な単語を学ぶことをお勧めします。第4章で紹介した絵本でも、このような基礎単語が紹介されています。

　月や曜日を覚える歌、数を覚える歌、色や形を覚える歌、天気の名前を覚える歌など、市販教材やYouTube動画を通して覚えていきましょう。

絵カードで200単語を習得する

　文をつくれるようになる前に、まずは単語を知る必要があります。**しかも、子どもは体感的に単語の品詞を理解できる能力を持っています。この能力が活用できるうちに、英語をたくさん覚えてほしい**ものです。品詞の概念を知らないのに、日本語では2歳くらいで2語、3語の文をつくり出しますよね。

　どの単語から学ぶかについてですが、子ども向けの教材に入っている単語からスタートしましょう。一般的な子ども向け教材は食べ物や動物、身の回りのものや数など、母語でも幼稚園で学ぶものばかりです。**本格的に英語「学習」をスタートする前に、200単語くらいは覚えている状態だと望ましいです。**歌や絵本に加え英語の教育番組などを見せていれば、run, walk, jumpなどの動作を目にするので、動詞もいくつも覚えられます。

　フラッシュカードと呼ばれる絵カードを活用することもできますし、幼児用の英語アプリを探して使えば音も出るので、絵と音の刺激でたくさん単語を覚えていくことができます。

　いろいろな絵本や歌に親しんでいると、案外200単語くらいはあっという間です。知っている単語のすべてが英検に出るわけではありませんので、**500単語くらいを知っていれば5級に合格する語彙数としては十分です。**早いうちに単語を覚えていれば、**読み書きを本格的に始める小学生になったらすぐに5級も4級も合格できる**でしょう。

人間は生まれながら言語能力が備わっている

　ノーム・チョムスキーが提唱した「普遍文法」理論は、人は生まれながらに普遍的な言語機能を備えていて、生まれたときにはすべての言語を正しい文法で習得できるという理論です。

　これは、小さいうちに英語をたくさん聞いていれば文法説明はいっさい不要で、体験から英語を使いこなせるようになる現象を説明していると思います。各言語の語順がわかる能力が備わっているうちにさまざまな言語をインプットすれば、脳内でパラメーター調整をしていき、その言語を正しくつかさどれるようになるという考えです。これができるうちに、単語をたくさん覚えましょう。

単語の意味が知りたくなったら？

　文を理解したり、産出（話す・書く）したりするときに必ず必要になるのが単語力。英検準2級に取り組む頃から、大問1で問われる単語が合格の妨げになることがあります。英検準2級と2級は高校生向けの内容になっているため、小学生、特に低学年の子には理解しづらい単語が増えてきます。「この単語の意味は？」と我が子が質問しだしたときが保護者の出番！　英語が得意でなくても自宅で簡単にできるのが語彙力をつける活動です。

　単語学習において大切なのは、発音をしっかりと調べること。今はスマートフォンがあればすぐに音を確認することができます。単語を打ち込めば、インターネット検索画面から音が確認できます。例えば、iPhoneで「guess meaning」と検索すると、図5-1のよう

な画面が出てくるので、音声を流せばOKです。そして説明を読みましょう。調べたい単語にmeaningと加えて検索すると、英英辞書情報が使えます。単語だけを入れると英日辞書につながります。

単語帳を買い与えるときも同じように考え、音源付きのものを選びましょう。例えば、ベストセラーの「でる順パス単」シリーズ（旺文社）は、「英語の友」というアプリですべての音源を流すことができます。

図5-1　スマートフォンで発音を確認

英英辞典を使って英語で意味を見るのも勉強になりますが、英和辞典を使っても問題ないと考えています。いずれにしても、お子さんに単語の意味を聞かれたときに調べた結果、「意味と用法がわかった」ということが大切です。英和辞典を使っても、日本語が難しくて結局子どもは読めないことがあります。そのような場合は、**日本語をもっと平易なものにしてあげてください。ここが保護者の活躍どころです。**例えばvisitの意味は多くの辞書で「訪問する」と出てきます。子どもにとってはわかりにくい日本語なので、「（おじいちゃんおばあちゃんの家などに）遊びに行く」などと説明したほうが理解できます。

辞書の使い方や意味の調べ方は上記のとおりですが、**辞書を使う頻度は低くても問題ありません。単語の意味を知りたくなったときだけで大丈夫です。「辞書を引きなさい！」を口癖にしないように**

注意してください。小学生以下が英語を学ぶプロセスは、多くの保護者が経験している中学校以降で英語を学ぶプロセスと異なります。我が家の場合、長女が辞書をよく使いだしたのは中学校に入ってからです。小学生の次女はいまだにめったに辞書を引きません。辞書の引き方はわかっても、年間で両手で数えられるくらいの頻度です。

小学生以下の子どもたちは、英語を英語で捉えていくことが得意で、推測能力も高いです。**本を読み進める過程で間違って理解していることもあるかもしれませんが、それ自体は気にしないでどんどん読み続けてかまいません。たくさん同じ単語に出会ううちに、意味の修正が行われていきます。**

私の教室では「でる順パス単」シリーズを使って単語テストを行っていますが、日本語ではなく、英文を覚えてもらうような方法をとっています。英検を受けるときには、たとえわからない単語があっても、**英語を英語で「感じ取りながら」解き進める必要があるので、わからない単語があることをストレスに感じすぎないように耐久性を養っておくことも大切なのです。**

英語しりとり・山手線ゲーム・反対言葉ゲームで遊ぶ

娘たちは、保育園の帰り道もどこかに出かけているときの電車の中でも、嫌というほどしりとりをしていました。日本語でも英語でも言葉の発達につながりますので、ぜひ積極的にお子さんとしりとり遊びをしてください。しりとりは、何も準備するものがいらない最強の時間つぶしゲームだと思っています。以下のバリエーションを参考に、さまざまなルールのしりとりを楽しんでみてください。

音のしりとり

　まだスペリングがしっかりできないうちは、音だけで次の単語をつなぐしりとりをすることができます。例えば、tomato は to で終わります。to の音はアメリカ英語なら do のように聞こえるので、続く単語が dog であっても OK とします。続く gray も ray の部分と同じ音で始まる rainbow は OK とします。このしりとりは厳密にする必要はありません。**知っている単語を思い出してたくさん言う練習になります。**

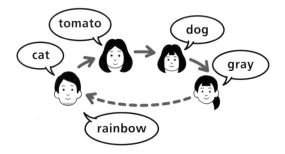

 文字のしりとり

　文字のしりとりは、単語のスペリングを概ね覚えた頃にできます。スペリングができる場合は声だけで遊べますが、文字を書き始めた頃やまだあまり語彙力がない時期は紙とえんぴつ、そして英単語を探すための本やウェブサイトなどの参考資料を準備しましょう。文字を優先するので、前の単語の最後の文字から始まる単語を続けます。

　文字しりとりのいいところは、語彙力がなくても本などの参照を OK とすれば、長い時間遊べること。用意した本を見ながら、その中にある単語を探して書き出すので、速く文字を見つけ出す

ことや、単語を速く紙に書き写すことなどを通して基礎力も身に
つきます。

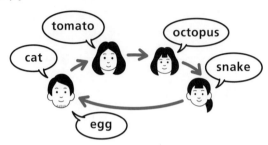

 **タイムトライアルしりとり**

　語彙力にあまり違いがない家族同士で対決する場合、または語
彙力が弱い人がハンデとして本などを見ていい場合、競争して取
り組めるのがタイムトライアルしりとり。2分などと時間を決め
て、それぞれどんどん単語を書き出します。より多くの単語を連
ねて続けられた人が勝ちです。使ってはいけないNG文字を設定
したりすると盛り上がります。私の教室でも、年度末などの復習
時期に生徒たちを競わせることがあります。全員同じ文字からス
タートさせるのではなく、**一人ひとりにアルファベットカードを
引いてもらって、それぞれ異なる文字から始めさせると運の要素
が入り、英語力が高い子が必ずしも有利ではなくなります。ゲー
ムは勝つ人が最初から予想できてしまうとつまらないので、運に
任せる要素を取り入れると盛り上がります。**

 **絵文字しりとり**

　これは気づいたら次女が自主的にやっていたことなのですが、
1人でもできる絵文字しりとりもお勧めです。iPadなどのデバ

イスがあれば、簡単にできます。もちろん、家族で順番に絵文字を使ってしりとりをするのも楽しいです。

cat → tiger → rose →elephant → tent

虫食いしりとり

このしりとりは、それなりの語彙力がついたお子さん向け。**親子で相手の虫食いしりとりの問題を紙に書き、空白に入れられる単語をたくさん書き出したほうが勝ちといったルールをつくるといいでしょう。**難しい場合は、本などの参照をOKとするとたくさんの単語を見つけられるはずです。

cat → (1) → dog → (2) → rainbow

1に入りうる単語：Thailand, toad, thread, trend

2に入りうる単語：guitar, glitter, grasshopper, geographer

山手線ゲーム

リズムに乗って仲間の単語を言うゲームです。手拍子を2回してから、前の人が言った単語と自分が考えた単語を言うのが一般的です。このような形で、次が言えない人が出てくるまで続けましょう。

テーマ：フルーツ

 apple, orange → orange, pear → pear, grape → grape, strawberry → strawberry, mango → mango, pineapple → pineapple, kiwifruit

テーマ：週末に出かけられる場所

 park, movie theater → 👏👏 movie theater, zoo → 👏👏 zoo, aquarium → 👏👏 aquarium, baseball stadium → 👏👏 baseball stadium, museum → 👏👏 museum, boat tour

反対言葉ゲーム

　山手線ゲームと同じリズムで、前の人が出した言葉とは関係なく、反対言葉をセットで言います。言葉によっては意味が2つあるので、反対言葉を整理するのに活用できます。例えば、oldには「古い」「年齢が高い」という2つの意味があります。この反対言葉ゲームはそのようなことを思い出すきっかけになるので、親子で出かけるために歩いているときなどの「ながら活動」としてお勧めです。

 tall, short → 👏👏 big, small → 👏👏 hot, cold → 👏👏 heavy, light → 👏👏 bright, dark → 👏👏 happy, sad → 👏👏 good, bad → 👏👏 new, old → 👏👏 young, old

応用編：Scrabble

　スクラブル（Scrabble）はアメリカ在住のネイティブならきっとみんな知っている単語ゲームです。手元の文字を組み合わせて英単語をつくっていきます。必ずしも単語の最後の文字を使って単語をつくる必要はないので、しりとりとは少々違うのですが、ボード上に「このマスに置くと得点が2倍」「ここのマスを使って単語をつくったら得点が3倍」といった表示があり、戦略的にマス取りをしていくのがゲームのポイントです。得点を計算する必要があり、ある程度の語彙力がないと楽しめないので、小学校高

学年になってからがお勧めです。

ワークシートやスペリング／タイピングゲームを活用する

今では、無料でアクセスできるウェブサイトに、多くの単語学習用ゲームがあります。我が家の場合は、後述するアプリ（→p.126）に単語ゲームが多数あるのでそちらを使ってきましたが、ウェブサイトを活用して英語子育てを行っている保護者もたくさんいます。

 ドリルの代わりになるワークシート

読み書きをさせるためのワークシートがたくさん用意されているサイトもあるので、わざわざドリルを購入せずに印刷したプリントで低コストの自宅学習が実現できます。

英語講師の間でよく知られているウェブサイトは、ブリティッシュ・カウンシルの子ども用ページ[1]。単語学習用のプリントやゲームが豊富にあり、イギリス発音に慣れるのにも役立ちます。

また、娘たちが小さいときに使ったことがあるのはEducation.comにあるワークシート[2]。学年別に整理されていて、無料登録が必要ですが、PDFでダウンロードして印刷できます。単語習得用のワークシートは、韻を踏む言葉のような「音」の仲間だったり、後述するワードファミリー（word family）のようなスペルの仲間だったり、分け方がいろいろとあります。次の節で説明する「仲間」がどのような分類なのか、何を教えるためのものなのかを認識したうえで活用するといいでしょう。

手を動かして覚えるスペリング／
タイピングゲーム

　ワークシートのほか、ウェブにはスペリングゲームやタイピングゲームもあります。スペリングゲームは聞いたものを書き出すゲーム、タイピングゲームは見たものをそのまま書き出すゲームです。こうした活動はシンプルながら、実際に手を動かすことで身につけやすい活動と考えられています。日本には英語タイピングを指導の主軸にした英語教室もあるほどです。

　意味をある程度知っている単語を使いこなせるように強化するという目的で、TypingClub の Jungle Junior という無料の**タイピング練習サイト**[3] が役立ちました。"He was at school." のような基礎的な表現を学ぶのに適しています。英検5級程度の文を打ち込む練習に適しているので、小学校に入学したのを機にパソコンでのタイピングもやらせたいと思ったときに活用してください。

　もちろん、昔ながらのスペリングゲームやタイピングゲームのソフトも販売されていますが、私は買いませんでした。**私が子どもの頃に求められていたスキルと今の子どもたちに求められるスキルが異なるためです。**私が子どもの頃はパソコンで勉強していたので、早くからタイピングができることは重要視されていました。しかし、今の子どもたちは学校でタブレットを使うほうが圧倒的に多いでしょう。単語の意味を調べるのも、きっとパソコン上ではなくタブレット上だと考えると、タイピングソフトに投資する必要はないかと思います。無料の範囲で楽しめるものを探してはいかがでしょうか。

仲間探しで単語を学ぶ

　アメリカの学校では単語学習をするとき、単語をグループ化して学ぶことが多いです。ネイティブであっても、日頃耳にしている単語を整理する活動をするのです。音でまとめる方法、スペルでまとめる方法、意味でまとめる方法など、まとめ方はいろいろあります。

 　韻を踏む言葉

　同じ音で終わる単語（rhyming words）を集める活動があります。**韻を踏む単語を集めると、音は一緒でもスペルが異なる単語を認識する練習になるのが最大のメリット**です。例えばmail, tail, rail, male, tale, sale のように、同じ「エール」という音で終わる単語でも「ail型」と「ale型」があります。mail（手紙）male（男性）, tail（しっぽ）tale（お話）は音が同じでも意味が違います。多くの単語は単語の後半のスペルが同じなので後述するワードファミリーと結果的に同じことになります。音遊びの一環としてワークシートなどに取り組むといいでしょう。「rhyming words worksheet」と検索すると、無料で使えるワークシートがたくさん出てくるので活用してください。

 　ワードファミリー

　単語の後半のスペルが同じ単語をワードファミリーと言います。韻を踏んだ単語の多くがワードファミリーです。bat, hat, mat, ratのような短い単語も、might, right, sight, fightのような長めのものも、同じ文字列が入っているものをfamily（［単語］

家族）と考えます。見たとおりの
アルファベットの音の単語は、わ
ざわざ家族ごとに整理する必要は
ないと思うのですが、**-ight (fight,
sight, might, right)、-ought
(bought, fought, sought, thought)、
-ice (rice, mice, advice, device) な
どの読みにくいものはまとめて覚
えていくのがいいでしょう。**

ポップコーン型カードの
POP for Word Families

　私はPOP for Word Familiesを英語教室で使っています。ポッ
プコーン型のかわいいカードなのですが、アルファベットだけの
初心者用、サイトワーズ（→p.92）用、blends（複数文字）用、
そしてワードファミリー用があります。基本的な遊び方は、1枚
カードを取ってその文字を読み、その文字がつく単語を言うこと
でカードをキープできるというものです。"POP"というカードを
引いてしまったら、すべて持ち札を戻します。最終的にカードを
たくさん持っていた人が勝ちです。POPカードがあるおかげで、
必ずしも英語力が高い人が勝つわけではないという点で気に入っ
ています。教室では、1人が5枚引いて、3分以内に持ち札の文字
がつく単語をいくつ思いつくかを競わせています。単語を思い出
す活動にも役立っています。

  ### 類義語

　同じ意味の言葉を探してまとめていくのが、類義語探し。時間
があるときに楽しめます。紙の類義語辞典を使ってもいいですが、
デジタル時代なのでパソコンを活用するのもいいでしょう。Mic-
rosoft Wordに単語を打ち込んで右クリックすれば、搭載されて

いる類義語辞典から多くの類義語を学べます。例えば、guess と打ち込んで右クリックして類義語を調べると、deduction など難しい単語が出てきます。

　親子で遊ぶなら、「より多くの類義語がある単語を選んだほうが勝ち」「類義語の中に知っている単語をたくさん見つけられたほうが勝ち」といったルールをつくってゲームにしてみてはいかがでしょうか。例えば、sight, family, words のうち最も類義語が多いのは words です。words は複数形なので、類義語もすべて複数形なのもポイントです。「全部 s がついているね」などと会話することで、awareness（学びにつながる気づき）を促すこともできます。

　類義語をすべて覚えることが目的ではなく、まずは類義語辞典を引く練習に活用するといいです。英英辞書を引いても説明が複雑でわからない単語があっても、類義語を調べたら、知っている単語があってすぐに意味がわかることもあります。そのため、類義語辞典を使うスキルを身につけておくと将来的に役立ちます。

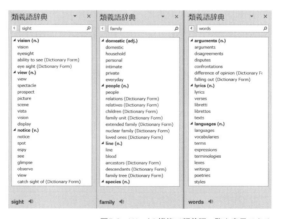

図5-2　Wordの機能で類義語一覧を表示できる

また、後述する読書活動を重ねることで自然と類義語を学んでいくので、その定期的なチェックにも使えます。

 接頭辞と接尾辞

アメリカでは小学校2、3年生から接頭辞と接尾辞について学び始めます。一般的に最初に習うのが、「反対」という意味を持つ接頭辞のun-（unsafe, unhappy, unlock）, in-（incapable, inactive, incompatible）, dis-（dislike, disoriented, disable）です。「もう一度」という意味のre-（redo, reunite, reexamine）も小学校低学年の子が知っているものです。また、数字に関するものも早いうちに出てきます。例えばuni, bi, triは数字の1, 2, 3を意味するので、unicycleは一輪車、bicycleは自転車、そしてtricycleは三輪車です。数字に関する接頭辞は、特に図形の勉強のタイミングで登場します。

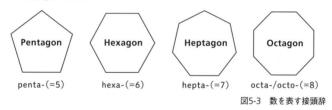

図5-3　数を表す接頭辞

英語には主に、ラテン語やギリシャ語由来の接頭辞と接尾辞がたくさんあります。「1つ」を意味するuniはラテン語由来ですが、同じく「1つ」を意味するmonoはギリシャ語由来です。国語の授業が好きなネイティブは、接頭辞と接尾辞を本当によく知っています。そして、**知っている接頭辞や接尾辞が多いからこそ、語彙力が豊かで表現力に優れています。お子さんがいつか学問としての英語にのめりこんでいったら、単語のルーツを追っていくように助言するといいかもしれません。**ただ、英語をツールと考え

る人は、誰でも学ぶものだけわかっていればいいでしょう。覚え
ておきたいのは、英語圏の小学校で教えているものです。覚える
ための歌がYouTubeにたくさんあるので、「prefix suffix kids」の
ようなキーワードで検索してみてください。

My Notebookをつくっていく

　言葉遊びが楽しいのは幼少期です。幼少期では、楽しみながら語
彙力を身につけるためにゲームをする機会が多いでしょう。でも、
**年齢が上がるにつれてゲームをしなくなります。代わりに、読書を
通して新しい単語を用法と一緒に覚えていくようになります。**本書
の読者は9歳以下のお子さんを持つ方が多いのではないかと思いま
すが、9歳でももうあまり言葉遊びに興味がない子もいるでしょう。
そのタイミングでは多読（→p.124）を通して単語を学ぶように、
活動内容をシフトしていく必要があります。

　**読む活動を通して単語を習得するようになってきたら、覚えにく
い単語や表現をメモしていきましょう。普段からではなく、英検に**

娘たちの単語ノート

取り組む時期だけでも問題ありません。これは遊びでも何でもなく、語学学習では王道の単語ノートづくり活動ですが、新しく得た知識を整理するのに役立ちます。また、たくさん文字を書くことは達成感にもつながり、ノートを取ること自体を楽しく感じられる場合があります。

　私の娘たちは、ノートづくりは英検の直前にしかやっていません。気に入ったノートを100円ショップで買って、英検に取り組む期間だけ持ち歩いています。短期集中の単語学習ではありますが、愛着があるノートを持ち歩くのが嬉しいようです。**学びとは自分のためにやることであり、自分のモチベーションを維持するためには達成感や成功体験が必要です。**たくさん書き込むと取り組みの成果が見えやすく、達成感を覚えやすいです。

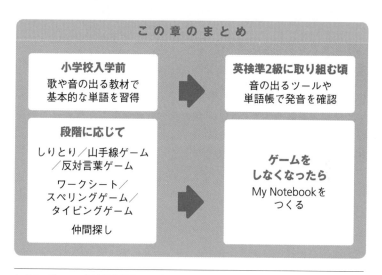

この章のまとめ

小学校入学前
歌や音の出る教材で
基本的な単語を習得

英検準2級に取り組む頃
音の出るツールや
単語帳で発音を確認

段階に応じて
しりとり／山手線ゲーム
／反対言葉ゲーム

ワークシート／
スペリングゲーム／
タイピングゲーム

仲間探し

**ゲームを
しなくなったら**
My Notebookを
つくる

1　https://learnenglishkids.britishcouncil.org/word-games
2　https://www.education.com/worksheets/
3　https://www.typingclub.com/

第6章

「英語力」を育む指針③
聞く力をつける

　小さいうちは、聞いていることがわからなくてもストレスを感じ
ないので、たくさん英語を聞いていても苦になりません。この時期
を活用して、就学前には英語をたくさん流しておくといいでしょう。
そのため、英語のテレビ番組やDVD教材、そして今では簡単に見
られるオンラインのオンデマンド映像などが支持されています。

　**小さい頃から文字と音をつなげて理解していけば発音もきれいに
なり、新しい単語とその用法を理解できます。聞かせる活動は無料
または低予算でできることが多いので、できるだけ多く取り組みま
しょう。**

ずっと続くテレビ番組などをつけておく

　「なんとなくつけておく」のに向いているのが、英語放送のテレ
ビ番組など次から次へと別の番組が続くタイプのもの。これらは番
組単位では明確な始まりと終わりがありますが、映画などと異なり、
明確に見終わった感じがしません。このタイプはじっと真剣に見る
時間ではなく、部屋の片付けをしているときなどの「ながら聞き」
に向いています。細かい内容を聞き取り理解するための「静聴」で
はなく、多読ならぬ「多聴」のための活動です。目的は、英語に抵
抗感がない状態を保つことです。外国語は少しでも離れると忘れま
すし、面倒くさくなってくるものです。その予防だと考えています。

　子どもにしっかりと見せることが目的ではないので、**私はテレビ
をつけっぱなしにしている時間はニュースを流しています。**NHK

ニュースを英語にしたり、どのタイミングでつけても英語でやっているCNNやBBCを流したり。ただ流しているだけですが、**わからないことがあっても耳障りに感じないという耐久性を維持するのに役立っていると思います。また、テロップや文字が出るので、新しい単語を覚えたり、自分で推測しながら理解することが少しずつできるようになってきました。**

「このリポーターの人、ものすごい派手な服を着ているけどニュースに出られるんだね」といった感想を口にするので、**文化的な違いに気づいたりもしています。**

ちなみに、我が家では英語が苦手なパパは英語のテレビを嫌がるので、パパが自宅にいるときは英語だけのものは見られません。字幕付きの英語の映画なら許容範囲ですが、これは次に述べる静聴活動。「英語は苦手」「英語は嫌い」となると聞き流しは不快感のある雑音となるので、「なんとなく」の活動は向いていません。

両親のうちのどちらかが英語教育をがんばる場合、どのタイミングで何をするかの折り合いをつける必要があります。両親ともに英語教育に力を入れたいと願っているのと比べると、少々ハードルは上がりますが、**どちらかの親だけの強い意志でも、家庭での英語教育はなんとかなります。うまく1日の時間の使い方を考えて、お互い無理のない形を見つけましょう。**

終わりのあるDVDやオンデマンド放送をちゃんと見る

「ながら視聴」と真逆の「ちゃんと見てちゃんと聞く」ことを目的とした時間は、始まりと終わりのあるコンテンツを活用するとい

いでしょう。「見る」というキーワードが入っていますが、**英検準2級程度までは英会話は映像とセットで見聞きしていることが重要**です。英検2級程度の力がついてきたら、英語を聞いただけで何の話かわかる場面がかなり増えてきますが、それまでは想像力だけではすべてを補えない可能性が高いです。何が起きているかを見ながら、どんなときにどのような表現を使うのかを理解していくほうが効果的なので、映像を活用することをお勧めします。

　何を選ぶかは、英語力と発達度合いに合わせて選択しましょう。状況がわからないものを聞いていても雑音に聞こえてしまい、良質なインプットにはなりません。また、子どもは遭遇したことのない場面ばかりの映像は理解できません。例えばオフィス場面ばかりの映像だと、小学校低学年以下には理解しづらいです。**映像を見ていれば概ねわかる内容のものが理解を促すために向いています。**

　テレビと異なり、DVDやオンデマンド放送の映像は繰り返し見ることができるのがメリットです。**お気に入りを見つけたら、お子さんが嫌がらない限り複数回見ましょう。英語の理解が毎回深まり、セリフを覚えてしまえば、その中で使われている単語も文型も覚えられます。**10分程の短い番組もあれば、30分程の一般的な幼児教育番組、2時間程の子ども向けの映画などがあります。どのくらいの時間を使えるかを考えて、何を見せるかを決めればいいでしょう。

　娘たちが5歳くらいまでは、放映時間に家にいるときにはNHK Eテレの「えいごであそぼ」を見せていました。共働きだとなかなか見せられなかったのですが、今では受信料を払っていればNHKプラスIDを取得して、いつでもログインして見られるようです。10分間の番組なので、隙間時間に見せることができます。

30分程度の番組は、オンデマンド配信されているプラットフォームを活用すれば、いくつもの番組から選択することが可能です。我が家で気に入っていたアメリカのテレビチャンネルのNick Jr.が「ニコロデオン」としてHuluを通して日本に入ってきています。娘たちがスペイン語のフレーズまで覚えてしまった"Dora the Explorer"（「ドーラと一緒に大冒険」）や、長女がキャラクターがかわいいと気に入っていた"Bubble Guppies"などの放映も始まっています。"Dora the Explorer"は、Doraがスペイン語のバイリンガルなのでスペイン語がちょこちょこ出てきて英語もスペイン語も学べます。

　時間が取れる週末などは、長いものを親子で見るといいでしょう。借りてきたDVDを英語でかけたり、契約している動画配信サービスで見つけた人気のものでもいいでしょう。

YouTubeなどの無料サイトで
好きなものを見つける

　今はYouTubeでたくさんの動画を見ることができます。子どもに不適切な広告が流れたりもするので、有料プランに入るか、細心の注意を払って活用するかを選択しないといけませんが、好きな番組を探して見るのに便利です。例えば、私が気に入っているかわいらしい"Olivia the Pig"は、YouTubeに映像がたくさんあります。ブタのOliviaにはIanという弟がいるので、一般家庭でよくあるお姉ちゃんとしての葛藤のようなことをかわいらしく表現していることが多く、長女も幼い頃に気に入っていました。

　年齢が上がるにつれて動画の好みも変わってきていますが、子どもたちはYouTubeで好きなものを簡単に見つけ出します。娘たち

は、小さい頃は自分と同じような年齢の子どもが話している動画を好んでいました。おもちゃの紹介動画やバイリンガルの日本人の子の動画を見ては別のものを探し、といった感じで使っていました。次女が最近はまっていたのが、小さな女の子たちが組んだGFORCEというユニット。インタビューや歌っている姿を楽しそうに見ていたので、歌詞を印刷してあげたところ、今では一緒に歌っています。このように保護者が一工夫することで、YouTubeも立派な教材になります。

　不適切な動画がお勧め動画として提案されることもあるので、正直なところ私はあまりYouTubeを見せたくないのですが、このように娘たちは興味を持って使っています。

日本の教材を活用する

　今は子ども向け英語教材があふれていて、たくさんの教材セットを目にします。多くのものが映像教材付きなので、お子さんが気に入り、生活に組み込むことができそうな内容だったら活用してもいいでしょう。

　私も「ディズニー英語システム」や「こどもちゃれんじEnglish」のサンプルをいただいて検討しました。子どもたちは映像教材を気に入って何度も見ていましたが、実はそのタイミングでは娘たちがもう知っている内容がほとんどでした。それでもかなり見ていたので、子どもの興味関心に合った優れた内容だと思います。

　まだ英語教育をスタートしておらず、ご家庭での英語教育のイメージが全くわからないうちは、通信教育の講座を活用するのも手です。**学習コンテンツを適切に学ぶ順番が考えられていますし、通信講座は学習ペース管理に役立ちます。実は私がサンプルを取り寄せ**

たのは、「何をいつ娘たちに与えるか考えるのが面倒くさい！」と思うほど忙しいタイミングだったからです。忙しいときに1つのものをコツコツと続けるという選択をするのは悪くないと思います。

アメリカの無料教材を活用する

アメリカでは子どもが学校に行かずに保護者が家庭ですべての教科を指導するホームスクーリングが普及していて、その支援をするサービスがたくさんあります。Khan Academy Kids[1]もその1つです。**動画で学び放題なのに無料！　内容は各教科に関連するものがあるので、非常に勉強になりますが、指導が英語なので「英語で内容を学ぶ力」**が問われます。

ある程度の英語力がないとフル活用するのは難しいですが、小学校に入ったばかりの頃はフォニックス学習をしたり、英語で足し算引き算をしたりするなど、シンプルなコンセプトのものを楽しむことができます。高学年になってきたら、生物や歴史について学ぶなど、内容重視のものを選択していくといいでしょう。ネイティブの子がどのような内容を学んでいるかがわかるのも興味深いです。

アプリで歌を聴くのも効果的

語彙力育成（→p.95）に関連して記載したように、歌を活用するのもメリットがあります。子ども用の歌ならシンプルな歌詞がシンプルなメロディーとリズムに乗っているので、映像がなくても覚えられるでしょう。特に幼児教育用につくられた歌は、適切な単語と文型が入っています。

年齢が上がると洋楽に興味を持つかもしれないので、歌詞を見ながら歌を練習するといいでしょう。AccuRadio[2]というアプリでは、

無料でさまざまなジャンルの音楽を聴くことができます。また、Amazon Alexaでは歌詞付きで音楽が流れるため、長女はアメリカのヒット曲の歌詞を見ながら歌っています。ときどき単語の意味を聞いてくるので、聞いてわからなかった単語を文字で見て、それでもわからなかったら意味を確認するという学習サイクルを流行りの曲を聴きながら行っています。

この章のまとめ

段階に応じて

・テレビを「ながら聞き」
・DVDやオンデマンド放送をじっくり見る
・YouTubeなど無料サイトで好きなものを見つける
・日本の教材を活用
・アメリカの無料教材を活用
・アプリで歌を聴く

1 https://learn.khanacademy.org/
2 https://www.accuradio.com/

第7章

「英語力」を育む指針④
読む力をつける

　私が英語習得の第1段階として最も大切だと考えているのが、リーディング力です。読むことができなければ書くことはできませんし、読むことができなければ英単語や表現に新しく出会って習得する機会が減ります。英語に限ったことではありませんが、学校教育での学びは主に教科書から始まります。読むことに抵抗があると、学ぶことそのものに抵抗ができてしまいます。英語でも日本語でも、読むことが苦にならないよう幼少期から取り組む必要があります。

読書で英文を読むスピードを上げる

　できるだけ速く読んで情報処理できるようになることが、高等教育でどれだけ学べるかをイメージする1つの目安になります。

　英語では読む速さをwords per minute（wpm：1分あたりのワード数）で評価します。この速さを上げていくために、アメリカの学校は今も昔もたくさんの読書課題を出します。小学校で毎日30分くらいの読書課題が出るのは珍しくありませんし、大学では各教科で1日に100ページ以上の読み物が課せられることもしばしば。私が育ったロサンゼルスには移民が多いので、**速く正確に読めないことが原因で学校教育から後れをとる子どもたちが多くおり、問題となっています。**

　アメリカの多くの州では、小学校でも成績によっては、留年する場合があります。読解力がないと将来への影響が大きいため、カリフォルニア州では子どもに読書習慣を身につけさせることを目的と

した"Reading by 9（9歳までにはたくさんの本をどんどん読める子に！）"といった活動が行われています。

日本は識字率が高い国として世界でも知られていますが、これは日本の学校教育で音読をさせているからだと私は考えています。音読カードを持ち帰ってきて、小学校低学年の頃は毎日のように家で音読をすることでしょう。同じことを英語でも行えば、同じように英語力の基礎が身につきます。日本人は、**読める子を育てるのが実は得意なはずで、日本語で行っていることをそのまま英語教育に応用すればいいのです。**

ネイティブでも英語力が伸び悩む原因になっている読書不足。英語が苦手な保護者はぜひ一緒に取り組んでください。

どんな本を選んだらいいのか？

ではどのような本を選んでいったらいいのでしょうか。もちろんお子さんが興味関心を持つもの、そして適切なレベルのものを選びましょう。

前出のスティーブン・クラッシェンという学者は、「インプット仮説」を提唱し、学びにつながる良質なインプットは「i＋1」の内容でなければいけないと述べています。iは学習者の現在地のことを指します。**言語能力を育てるためには、今のレベルよりもほんの少し難しい＋1のレベルでないといけないというわけです。**理解できない言語を聞いていても、学びは起きません。そう考えると、**我が子の英語環境づくりをするうえで大切なのは、本人が今できることを常に把握しておくことです。**

✖ レベルに合わせて選べる洋書グレーデッド・リーダー

とはいえ、これはかなり大変なことです。そのため英語圏では、学習度別に構成された洋書である Graded Readers（グレーデッド・リーダー）を活用するのが英語教育の王道になっています。**単語数や語彙レベルなどを考慮してレベルに分けられているため、ある程度の期間は同じレベルの本を活用し、読むペースが上がってきたのがわかったら、次のレベルのものを与えればいいのです。**このように考えると、本の選択がかなり楽です。

グレーデッド・リーダーは、"Oxford Reading Tree" シリーズ、ハーパーコリンズの "I Can Read" シリーズ、"Penguin Readers" シリーズなど、有名なものがたくさんあります。**大切なのは1冊目の選択。本来は本屋さんで実物を見てみて、親子でレベルに合ったものを選択するのがいいでしょう。**それが難しい場合は、オンライン書店で中身が見られたら確認しましょう。YouTubeで本の名前を検索すると、読み聞かせ映像が出ている可能性もあります。

我が家は私が子どもの頃に大好きだった本が多い "I Can Read" シリーズを活用していました。また、グレーデッド・リーダーではないのですが、私が子どもの頃に気に入っていた Eric Hill 著の "Spot" シリーズは簡単な英語なので、基本的なフォニックスとサイトワーズがわかるようになったあとに、娘たちに与えていました。

娘たちが小さいうちは、「絵本は子どもがママに読む」というルールをつくっていたことを紹介しましたが、"Spot" シリーズは娘たちにたくさん読んでもらいました。また、内容をすでに知っている絵本は、単語を想像しながら読み進められます。例えば1年生の国語の教科書に出てくる『ずーっとずっとだいすきだよ』（Hans Wilhelm 著）の原書は、基本的なフォニックスとサイトワーズがわかればほとんど自力で読めます。

『ずーっとずっとだいすきだよ』の原書

音読でスピードと理解度を測る

グレーデッド・リーダーを使い始めて最初のうちは、必ず音読をするようにしてください。**読解力にはreading efficiencyが大事**だとされています。これは**言葉のとおり「効率よく」読むということ**ですが、読解スピード（reading speed）と理解度（comprehension rate）をもとに算出します。**前者は1分あたり何単語を読めるか（wpm）を測り、後者はどれだけ理解できたかを読解問題などで測ります。**

まずは速く読めるようになることを目指すのが、子どもの教育において大切です。日本の国語の授業でもそうですよね。音読カードを持って帰ってくる小学生はたくさんいるでしょう。意味の理解はあとで授業で扱うため、まだ意味を知らない言葉が入っていても音読の宿題が出ます。**英語の音読はフォニックスがどれだけわかっているかを確認するのにも役立ちますし、リズムやイントネーションを正しく読めるように練習すると、話す力にもつながります。**

どのグレーデッド・リーダーを使うにしても、**少なくとも一番下のレベルは音読をするようにしましょう。年齢が上がってくると音**

読を嫌がるかもしれませんが、**英検3級レベルまでは基礎固めの時期なので、音読が特に役立ちます。**読めない単語をゆっくり紐解いて読んでいく作業が、その後の英語学習を順調なものにするのに効果的です。つまずいたときに乗り切る力を身につけておきましょう。

「音読をしなさい」と言っても、すぐに自主的に取り組めるお子さんは少ないものです。アメリカの小学校では、音読を促すためにReading Phoneというものが使われることがあります。口と耳をつなぐプラスチックの筒状のいたってシンプルなつくりですが、自分の声がよく聞こえます。**隣の席の子の声を気にせず自分の声に集中できるメリットがあり、ちょっとした道具をあげるだけで子どもたちはわくわくするので、モチベーションアップにも効果的です。**

このReading Phoneのような道具を活用したり、我が家のように「絵本は子どもが親に読むもの」といったルールにすることが、音読習慣化につながります。ほかにも、音読が宿題として出る英語教室を活用して、「宿題をやりなさい」と伝える方法でやらせる手もあります。

徹底的に音読をがんばらないといけないのは、基礎力がつく1年間くらいです。そのあとは多読フェーズに入っていくので、保護者が横について何かをする必要はなくなってきます。期間限定だと思い、どのような方法であれば一番無理なくできそうかを考え、音読フェーズを乗り切りましょう！

以前購入したReading Phoneを探したら、箱だけ発見！

大人に必要な読解スピードは？

　私は企業研修でプレゼンテーションを教えていますが、150～180 wpmで話すことを目安としています。プレゼンテーションでは重要な点を丁寧に説明するので、日常会話よりもゆっくりめ。日常会話なら200 wpmくらいの速さが一般的でしょう。目の前にあるものを200 wpmくらいの速さで読めなければ、当然それ以上の速さで自分の頭で考えて話すことはできないので、スピーキング力を伸ばすのも困難に。社会人が受験することが多いTOEIC Listening & Reading Testsは、180 wpmくらいで読めないと最後の問題まで解けません。**高い英語力があると言えるのは、黙読スピードが200 wpm以上になってからでしょう。**

　ちなみに、読解スピードを測るStaples Testによると、今の私の読むスピードは350wpmあたりです。これは平均的なネイティブよりも速いですが、平均的な大学教授は700 wpmあたり。私の倍速で読めるということなので、私は学術界でやっていくには相当遅いのです。だから大学や大学院でとてつもない読書の量に苦労しました。将来留学を考えているご家庭は、あとで苦労しないためにも速く読めるように今から力を入れましょう。ぜひ読書の時間を大切に！

多読は本でもウェブ記事でもアプリでも可能

　ある程度の基礎力がついたら、どんどん読解スピードを上げていくために多読が必要です。ネイティブでも、9歳くらいまでの音読

は一般的に100～150 wpmくらいの速さです。将来200 wpm以上にスピードを上げていくためには、多読が必要です。単語のインプットをするうえでもメリットがあります。

✖ 季節ものの情報に触れさせる

「たくさんの本を与えるにはお金がかかる」「置く場所がない」「借りるところもない」「読ませる時間的な余裕がない」というのがよく聞く悩みです。**読み物はグレーデッド・リーダーが手堅い選択ではありますが、本である必要はないです。例えば、ウェブサイトから読み物を見つけて、印刷してあげてもいいでしょう。**

　私は去年のクリスマス前に、ヴァージニア・オハンロンという女の子が新聞「ザ・サン」に送った手紙と、記者からの返事という形で掲載された社説をウェブで見つけ、印刷して娘たちに読ませました。"Yes, Virginia, there is a Santa Claus.（ヴァージニア、サンタクロースはいますよ）"の一節で有名なこの社説が書かれたのはもう120年以上前のことですが、今でも大切に読まれています。このような季節ものの情報はウェブにあふれており、子どもたちが興味を持ちやすいのでどんどん活用しましょう。

　1冊だけ季節ものの本に投資するのもいいと思います。娘たちは10年以上前から毎年、クリスマス時期は"The Sweet Smells of Christmas（Patricia Scarry著）"を引っ張り出してきます。こすると匂いがする仕掛け絵本です。まだかろうじて香りがしますが、そろそろ買い替えどきです。

✖ デジタルコンテンツでコストを抑える

　我が家では、娘たちが小さい頃はたくさんの本を与えていましたが、本が薄いので力がついてくるとあっという間に読んでしまうも

の。**本を与え続けるにはコストがかかる！　と思い、ずっと家に置いておきたい本だけを購入して、多読目的のものはデジタルで読むという方針に切り替えました。**

　私がデジタル移行を決めてまず活用していたのが、epic! というアプリ。月額1,000円程度で、4万冊以上の子ども向けの絵本が読み放題です。子ども向けの本に特化しているので、年齢的に不適切なものはなく、子どもが勝手に操作するのも安心できました。また、オーディオブックもあるので、まだ読む力がさほどなかった頃から次女も楽しめていました。ちなみに、スペイン語の本や中国語の本もあり、英語以外の言語にもチャレンジしたいときにも役立ちます。

✖ 英語で他の教科が学べることも

　読書に特化していなくても本がたくさん搭載されているアプリを使えば、他教科の知識も習得できます。娘たちが小学校に入ってからは、主な英語教育ツールとしては、算数や社会のコンテンツも搭載されている2つのアプリに絞りました。

　まず、娘たちが自然に長い時間を費やすようになったのが、ABC Mouse。アメリカの小学校で授業についていけない子の自習教材として活用されているのを見て、娘たちに与えていました。

　今では日本で楽天がこのアプリを販売しています。そのため、英語が得意ではない保護者も簡単に利用契約ができ、問い合わせも日本語でできるようなので、より気軽に活用できるようになったのではないでしょうか。また、ディズニーとの契約により、今はディズニー教材も含まれているようです。ある程度の英語力とアプリ操作力が身についたら、アプリはこれ1つでいいと思います。

　娘たちがABC Mouseでは物足りなくなってきたタイミングで、ABC Mouseのコンテンツ制作会社がリリースしたAdventure

Academyという、小学校高学年から中学生向けのもう少しレベルの高いアプリに移行しました。こちらはまだアメリカの会社が直接販売しており、日本の代理店はないようです。年間1万円弱で読書だけでなく、アプリ内でほかの子どもたちとチャットメッセージを送り合って交流できたりします。緊急事態宣言で学校が閉じられた時期は毎日Adventure Academyで勉強し、実際には会ったことのない子どもたちとやり取りしていました。**本も読めて、コミュニケーションもとれて、今や我が家では英語に触れるためのメインツール**です。

COLUMN

ずっと置いておきたい本

　私がずっと持っていたい本の1つが、もう50年以上も前に出版され、自分が子どもの頃からベストセラーの"The Giving Tree（Shel Silverstein著）"です。『おおきな木』（あすなろ書房）として村上春樹さんが翻訳しています。子どもの頃に何度も読みましたが、おそらく当時の感想は「優しくするって大切」「木っていろいろな使い方があるんだな」といったこと。今は「無償の愛とは？」「自己犠牲とは？」といったメッセージを受け取っています。紙の本のよさは、人生の異なるフェーズで手にして読むことができる点。このように、**大切にしたい本だけを選定して家庭内に置き、あとはデジタルに移行していくのがいいと思います。**

「多読」というとたくさんの本に囲まれているのを想像するかもしれませんが、現代ならではの方法で、たくさん読むことができる環境を整えてあげましょう。私のように読み物を選定している時間がないなら、アプリなどを活用していつでもたくさん本を与えられる状態をつくっておけばいいですし、コストをかけたくない場合は、ウェブサイトなどから無料の読み物をたくさん探して活用すれば多読がより身近になるでしょう。

精読は「お勉強モード」のときに限定する

精読は、単語や文の意味を丁寧に確認しながら隅々まで読んでいく作業です。**理解度を上げていくためには精読が必要です。**このような読み方は「お勉強」という感じになるので、楽しく本を読む活動とは異なります。我が家の娘たちの場合は、英検受験の直前や英語教室以外では行いません。日頃は楽しく読みたいものを読んでいるだけです。

しかし、英検3級以上くらいの力がついてきて読解問題を解く機会が増えてくると、精読が大切になってきます。内容を細かく理解していくことは、英検にチャレンジする以上避けては通れません。

効率よく読むために、読解スピードと理解度を上げる取り組みを行う必要があることを説明してきました。**まずは読解スピードを重視してください。読むのが遅いと読むのが苦になってくるためです。英検に取り組むなど、なんらかの目的があるときにだけ精読に取り組んで、理解度を意識しましょう。**

読書感想文のための読書も英語で

忙しいとたくさん英語を読む時間がつくりにくいでしょう。日本

語教育が順調であれば、**読書感想文の宿題の本は英語で読みましょ**
う。私は、娘たちが読書感想文の課題をもらってきたら英語の本を
読むように促しています。「日本語で読んだ本」と指定されていな
ければ問題ない学校が多いのではないでしょうか。我が家では、ほ
とんどの読書感想文を英語で読んだ伝記などについて書かせていま
す。本はAdventure Academyのアプリ内のものを活用しています。
書くのは当然日本語ですが、英語で年齢相応の内容を読むというこ
とを意識できます。**有名人の伝記など、何か学びがあるような本を**
見つけて読むようにすれば、日本の学校の宿題も片づいて、英語力
もついて一石二鳥です。

この章のまとめ

レベルに合わせて
・グレーデッド・リー
　ダーを音読

基礎力がついたら
・本、ウェブ記事、ア
　プリで多読
・精読は「お勉強モー
　ド」のときのみ
・学校の読書感想文も
　英語の本を

「英語力」を育む指針⑤
書く力をつける

　母語で書く活動は基本的にアカデミックな世界、つまり学校で力をつけていきます。ネイティブでも、学校に行けない子どもたちはリスニング力とスピーキング力があっても、読み書き、特に書く力が弱いとされています。FacebookなどのSNSサイト上にあるネイティブによる投稿を見ると、中にはthereとtheirやyourやyou'reの使い分けができていない人がいることに気づくと思います。これらは英検5級で出る単語です。

書く力は机の上で育つ

　教育の一環として書くことに時間を費やさないと、semi-literate（読み書きの力がかなり弱い）の状態になります。識字率の向上を目的としたLiteracy Project Foundationによると、4,500万人のアメリカ人がfunctionally illiterate（生活がスムーズにできない識字力）だとされます。「アメリカ人」には帰化した移民も含まれますが、アメリカで生まれ育ったのに、オフィスワークのような仕事をしたり、子どもの学校の手紙の内容を理解したりができない読み書きレベルの人が多くいるわけです。

　机上での学習時間を確保しないとライティング力は育ちません。母語でもそうなので、家庭内で時間を確保して机に座らせて書かせるということをせずに、将来役に立つ英語力を身につけることはできません。また、子どもにとってライティングは4技能のうち、最後に身につく力です。文章を書く適齢期は概ね5歳以上でしょう。

小学校に入って学校生活が始まると、宿題に取り組んだりするのが当たり前になるので、「勉強をする」ということに抵抗がなくなってきます。**9歳頃にはしっかりと書けるように小学校に入る前後からスタートして、3年間くらいで力をつけましょう。**

英語絵日記をつける

　フォニックスに取り組む時期に簡単に取り組める活動が、絵日記。英語を書くというよりも絵を描く活動を楽しむことが主な目的でも大丈夫です。**描いた絵にmy cat, meなどラベルを書き加えて、絵の下に"This is my cat."や"I like swimming."のような短文を書き添えましょう。**

　ある日突然机に向かわせて作文のようなものを書かせるようになると、多くの子は「英語が楽しくなくなった！」と言います。いきなり学習モードに入るのではなく、楽しい活動中にも当たり前のように英語を書くことで、自然に生活に取り込めます。

✖ まずは基本文型を使い回す

　このように子どもたちが自ら英語で書けるようになるには読むとき同様に最初が一番大変です。**読み始め時期の半年から1年は音読につき合う忍耐が保護者には必要と伝えましたが、ライティングも同じです。**最初からスラスラ書く子はいないので、基本文型を使って書くことを徹底するところから始めます。まずは書いてあげて、なぞらせたり書き写させたりすることから始めましょう。最初の数カ月で使いこなせるようになりたい文型は、次のような5単語以内が目安の文です。

・I am（形容詞、例：happy）.

・He is / she is（形容詞、例：cute）.

・This is（名詞、例：a rabbit）.

・I like（可算名詞の複数形または不可算名詞の単数、例：dogs）.

・I like to（動詞、例：swim）.

・He / She / I can（動詞、例：swim）.

・I want（名詞、例：a dog）

・I want to（動詞＋目的語、例：drink orange juice）.

　このように使い回しやすい文をいくつか決め、何度も使い回して自分で書けるようにします。まずは自分や周りの家族を主語にする文がたくさん書けるようになると、表現の幅が広がります。

✖ 本の文章を真似してステップアップ

　基本的な文がそこそこ書けるようになってきたら、**使いこなせる文を増やすために本の中にある簡単な文や単語を使うように誘導してください。**例えば、"I Like Me!（Nancy Carlson 著）"（『わたしとなかよし』）では、主人公のブタちゃんが自分で普段やることがたくさん出てきます。"I brush my teeth.（歯を磨きます。）"といった身の回りの表現や、"When I feel bad,...（嫌な気分のときには〜）"のような表現が出てきます。"When...（〜なとき）"という感情表現は使い勝手のいいフレーズで、早いうちに使いこなせるようになりたい表現です。このような繰り返し使えそうな表現を示してあげて、パターンプラクティスを繰り返して書く力を身につけていきましょう。

　残念ながら電車通学が始まった娘たちは日々疲れていて、小学校

に入る頃には英語絵日記をやめてしまっていたので、年長さんのときのわずか半年程度しか我が家では習慣化できませんでした。それでも、書く基礎をつくれた活動の1つです。学校の入学や引っ越しなど、大きな生活の変化がある時期には、座って書く時間をつくるのが難しくなると思います。できれば、**このような活動を続けられる時期に半年間くらいは基礎固めとして取り組むといいでしょう。**

　子どもは覚えるのも速いですが忘れるのも速いので、基礎力がつかないうちに1カ月くらい書くことをやめるとふりだしに戻ってしまうことがよくあります。

✖ コンテスト参加でさらなる挑戦を！

　絵日記を書きためるだけでは楽しみが足りなくなったら、コンテストに参加してみるのもよいでしょう。多くの英語教室が絵日記コンテストを行っているほか、一般参加が可能なものとして、現代用語検定協会が「自己表現力コンクール」を開催しています。主に日本語でのコンクールですが、「英語で自己表現」というカテゴリーがあります。保護者による代筆は不可なので、文字を子どもが書いていることが前提ですが、幼児から参加可能です。

　娘たちは学校で、自由研究ならぬ「自由活動」という、夏休みに行ったことを報告する課題があり、その年に出かけたカリフォルニア州ロングビーチにある大型客船をホテルに改築したクイーン・メリーについて報告書を提出しました。自分の写真や英語のパンフレットを和訳したものに、英語で情報を加え、日英のバイリンガル資料のような形で提出しました。**学校が英語で書いたものを認めてくれるようなら、小学校に入ってからも英語を使える場面では使うといいでしょう。**

親子の置き手紙は英語で

多くの幼稚園や保育園で、お手紙ブームの時期があると教育関係者や保護者から聞きます。**子どもは字が読めて書けるようになることに喜びを感じるので、その気持ちがあるうちに英語で書く楽しみも感じてほしい**ものです。

我が家では、娘たちが大きくなるにつれて家庭内英会話はうまくいかなくなりましたが、今でも英語メモはやり取りしています。私は仕事で遅くなるときなどのメモを英語で残しています。

娘たちもメモを英語で置いてくれています。話すときにはたくさんのことを一気に伝えるので流暢さが必要となり、うまく言葉が出てこないとイライラするものです。その一方で、**書くことには時間をかけても問題ないうえ、別の言い方を探したり、単語を調べたりできます。**そのため、娘たちは話すのは苦でも、**英語でメモを書くのは苦ではない**ようです。

娘たちは自分の名前を書くのではなく、自分のオリジナルキャラクターを考え出してサインするなど、置き手紙を書くことを楽しんでいます。

「仕事で遅くなるときの置き手紙」

「体調不良時の娘たちからのメモ」

「サンタクロース」と「歯の妖精」は英語子育ての強い味方

子どもが「外国人とコミュニケーションを取るのに英語が便利」と気づくと、自らコミュニケーションを取ろうと試みるようになるはずです。そのときも手紙が役立ちます。

我が家の近くには毎年、フィンランドからフィンランドの財団公認のサンタクロースがやってきます。そのサンタさんは日本語がわからないので、記念撮影をしてもらうときに英語で少しおしゃべりすることができます。「英語なら話せる！」。そんな経験から、娘たちは5歳頃からサンタさんへ英語の手紙を書いていました。そして卒業記念として、サンタさんから「卒業証書」が届きました。それも英語で読んで、満足気にベッド横に飾っています。

サンタさんからの卒業証書

toothfairyへ

また、たまたま保育園でTooth Fairy（歯の妖精）の話を読んでくださったので、最初の歯が抜ける前に、抜けた歯を回収してまわる妖精がこの世にいるらしきことを娘は知っていました。

toothfairyから

その後 "Dear Tooth Fairy（Alan Durant著）" という英語の絵本を手に取り、娘は「歯の妖精に手紙を書く」という文化があるこ

とを知りました。そして自分も手紙を書いてみたくなったようです。表記間違いも多く、スペースが足りずに上のほうにメッセージが折り返されているなど、読みにくいのですが、自ら娘が手紙を書いたのは1つの成長の証しでした。ちゃんとお返事も届きましたよ!

本格的なライティング添削はプロに任せる

絵日記や親子の置き手紙、サンタクロースとのやり取りなどはコミュニケーションのための書き物です。小学校に入ったら、英語の質を上げていくためにもう1段階難しいアカデミックライティングに取り組みましょう。

ある程度書けるようになってきたら、書いたものを添削してもらい、修正していくことが大切になってきます。英検3級からライティング課題があるので、英検4級を受け終わった頃から本格的にライティングを正しくしていくことを意識しましょう。

英語の質の向上は、話すよりも書くことを通して行うのが一般的です。例えば、"She doing homework now."**という文は、be動詞のisが抜けているので正しくありません。でも、スピーキングのレッスンでそう発言しても、話の流れを止めないために先生が指導をしないことが多々あります。**その理由は、スピーキング時はどうしても精度よりもコミュニケーションが重視され「伝わればいい」という状況になりがちだから。また、1文1文話を止めて修正していたら、学習者は話すのが嫌になってしまうので、あまり修正しない指導法が一般的です。

今の英語指導は訳文重視、正しさ重視だった昔の日本の英語教育と正反対です。たくさんのことを流暢に話すことが大切とされていて、質がないがしろにされることが増えてきました。

しかし、ライティング添削時には間違いが放置されることは少ないです。添削者は時間をかけて添削するので中身を精査できるうえ、ライティング添削は一般的に正しさが重要だと今でも考えられています。表情などが見えないコミュニケーションだからこそ、文字だけで正しく伝える必要があります。書く精度を向上するには、添削を受けることが必要不可欠です。保護者が添削できれば、家庭内でライティングの力も養うことが可能ですが、それが難しい場合は英語教室通いするのも選択肢の1つです。

✘ 添削サービスを利用しておうちでライティング力をアップ！

　聞くことと読むことは自宅でできますが、**書くことと話すことには外部の力を借りる必要性を感じる保護者が多いです。ライティングの添削サービスを活用すれば、英語教室に行かずに家庭内でライティング力を上げることも可能です。**

　添削サービスのIDIYは多くの添削者が登録していて、修正するだけではなく、なぜ間違いなのかを説明してくれるサービスがあります。また、日本人による添削と日本語説明か、ネイティブによる添削と英語説明かを選択できます。日本語を選択した場合、漢字にルビがないので、年少者は解説が理解できないかもしれませんが、保護者が説明することで一緒にライティング力の向上に取り組むことが可能です。

　普段は置き手紙などでのやり取りを楽しみ、たまにこのような添削サービスを活用してアカデミックライティングを練習するのがコストを抑えた効果的な学習法です。親子で添削を受けた内容を復習することを忘れずに！

People are busy because school or work all day, so they are so tired.

We are busy with school or work all day long, so we are very tired.

伝わりますがより自然になるように補足いたしました。

こちらも大変よく書けております。
1. 人々は学校や仕事を1日中して忙しい、の表現はWe are busy with school or work all day longとさせていただきました。学校や仕事で忙しい、はbusy with school or workとwithを使って表現できそうですね。一日中はall day longという表現が良く使われます。
2. とても疲れています、の表現は素晴らしいです。「とても(疲れている)」はso (tired)も素晴らしいですが、very (tired)とveryを使うとよりライティングに呈した表現になるかと存じますのでご紹介させていただきました。
ご参考になれば幸いです。

Also, apartments of pets are cleanliness because they have cleaning staff.

Besides, those apartments that allow pets are clean as they have cleaning staff.

伝わりますがより自然になるように補足いたしました。

こちらも良く伝わる文章です。
1. それに加えて、それ以外にも、の表現としてBesidesが良く使われますのでご紹介させていただきました。Alsoも素晴らしいですが、ライティングではBesidesや、Add to thisなどの表現が好まれますのでご参考までに記載させていただきます。
2. ペットが飼える（それらの）アパート、はthose apartments that allow petsとするとより丁寧な表現ができそうですね。
3. ～が清潔です、といった場合は形容詞のcleanを使い～is/are cleanと表現できます。cleanlinessは、清

IDIYによる添削例

この章のまとめ

5歳～

英語絵日記（基本文型を使う→本に出てくる文や単語を使う）

親子の置き手紙は英語で

サンタクロースや歯の妖精に英語で手紙

小学校～

アカデミックライティング（添削サービス活用も）

第9章

「英語力」を育む指針⑥
話す力をつける

　話す力を育てることが間違いなく一番難しいです。多くの練習時間が必要なうえ、何かを伝えなくてはいけないリアルな場面に遭遇しないと、どんな力が自分に足りないかを把握しづらいためです。また、**一方的なスピーチに比べ、会話は相手を意識しながら話す必要があるので、より一層難しいです。**相手の言ったことがわからなかったら聞き返したり、自分が述べたことが伝わっていなさそうだったら別の伝え方を考えたり、瞬時に伝え方を判断して相手を待たせないように何か言わないといけないので、会話をするというのは大変なことなのです。

「困ること」が英語力アップのポイント

　英会話教室は本来はこのようなことを疑似体験させる場なのですが、**英語の先生は学習者の言っていることがよくわかってしまうので、学びにおいて必要と考えられているnegotiation of meaning（意味の交渉、→p.149）という相互理解の努力が起きません。**一方的に先生が努力するだけだったりするわけです。そのため生徒はさほど困りません。

　家庭内でも同様のことが起こります。コミュニケーションにおいて、困らないと学びは生まれないので、中には「お父さんはアメリカ人」「お母さんはイギリス人」など保護者が英語のネイティブ・スピーカーのご家庭でも、子どもは英語をあまり話せないということが起こり得ます。**受容バイリンガル**（→p.25）についての箇所で

もお話ししたとおり、**人間は必要性のないことは努力してまでやらないものです。**

　家庭内で徹底して子どもに英語で話させることができるかどうかはご家庭の方針と、忍耐力と両親の威厳にかかっていると思います。子どもからしてみれば、英語で話すことを強いられるのは不思議なことです。子育て中の英語講師の知り合いがたくさんいますが、ほとんどの人が「子どもが自主的に話すのは100％日本語」と言います。本章では、おうちで子どもに英語を話させる方法を解説していきます。

一人しゃべりを楽しませる

　私の娘たちは、「日本語がわかるママに英語で話すのは、非効率的だし意味がわからない」という強い意志を持っているので、家庭内英会話はなかなか難しいです。我が家で日常的に娘たちが発する英語は、"Mom?" という呼びかけだけです。しかも、何かお伺いを立ててくることがほとんど。それくらいしか英語を私に対しては使わないので、家庭内英会話は成立しません。

　そこで、遊びに取り入れたり、1人しゃべりをさせたりすることで、発話時間をつくっていました。遊びとして家庭内でのやり取りを英語にできる期間は限られています。小学校入学前くらいまでの**英語でおままごとをしたり、ゲームをしたり、見たばかりの幼児番組で覚えた表現を声に出してみたり、ということを自らやってくれる時期にそれらの活動を楽しみましょう。**

✂ 翻訳マイクで英語時間をつくる
　我が家ではできるだけ英語で話しかけていたのですが、長女が5

歳になった頃から本人は99.9%日本語に切り替わってしまいました。**英語の雰囲気づくりが難しくなってきた頃から、1人しゃべり**を促すように活動を変えていきました。役立ったのが、お子様セットについてきたプラスチックマイクです。このマイクは**英語用と決め、「このマイクを持つと英語をしゃべっちゃうんだよ」ということ**にしました。ドラえもんの翻訳こんにゃくならぬ「魔法の自ら通訳マイク」です!

　子どもたちは想像力を働かせて遊ぶのが好きなので、英語の歌を歌ったりディズニーチャンネルで見た番組で耳にするフレーズを言ったりと、英語しか話さない人物になりきっていました。そこに"Are you Ms. ○○? I'm your fan!(○○さんですか？　ファンなんです!)"などと言い、セレブになぞらえて少しのせてあげると、英語のドラマに出てくる子役のように身振り手振りも交えて話していました。表現力を磨くのにも役立ったかもしれません。

　このマイクは、フォニックス学習が進んで1人で本を読むようになった初期にも役立ちました。マイクを持たせるだけのほうが「**音読をしなさい!」とガミガミ言うよりも楽です。人間は不思議と、道具を持たされると使ってしまうようです。**

✖ 電話型おもちゃで英語で通訳体験

　同じような効果を得られるのが、**電話型のおもちゃ**です。アンパンマンの歌が流れる携帯型のおもちゃがありましたが、新しい遊びを見出すのが好きな次女は、「アンパンマンがミッキーと話すために英語で通訳に入る」といった状況設定をしていたことがあります。「はい、わかりました〜」と独り言を言ってから"Anpanman wants to play with you, Mickey. Come to my house. I have snacks. Let's play together!(ミッキー、アンパンマンが遊びたいっ

て。うちにおいでよ。お菓子があるよ。一緒に遊ぼう）"などと通訳するわけです。

この小道具の導入でごっこ遊びができたのは、小学校入学の時期くらいまで。お子さんがまだこの年齢を過ぎていないなら、この時期を逃さず、たくさん1人しゃべりを楽しませる工夫をしてみてください。

AI時代のロボットとの英会話

今は、音声認識をしてくれる英会話サポートのアプリがたくさんあります。基本的には中学生以降をイメージしてつくられているアプリなのですが、スピークバディ、TerraTalk、MyETなど、さまざまなものがあり、私が社会人研修を行うときに補助教材としてお勧めすることも多いです。**一番の効果は発音矯正、口慣らし、そして流暢さのアップです。**知っている単語や文法項目が多いのに使いこなせていない大人には非常に有益なのですが、**子どもは同じような課題を抱えているわけではないので、やらせてみても続きません**でした。

現状、AIを活用した教材は自由会話には向いていません。英語学習用ロボットのMusioも初期の頃に活用してみましたが、そのときに感じたのは「AI技術は今の段階では発音矯正に使うべき」ということです。まだまだ正確な会話は難しそうです。

これから技術の進化が期待される分野なので、今は高いアプリやロボットを購入するよりも、SiriやGoogleドキュメントの音声入力機能で英語を話して、書き起こしてもらえるかを楽しむ活用法が適しています。**お子さんが音読しているときに、音声認識ソフトを起動しておいてください。読み上げたものがそのまま表示されたら**

AIに認めてもらえたということです。このようにゲーム感覚で活用すれば、音読がより楽しくなります。

目的に合った英語教室を活用する

「英語教室に行く価値は何か」ということは英語講師として、そして保護者としていつも考えていることです。**大きく分けて2つのタイプ、練習を提供する教室と学びを提供する教室があります。**もちろん境界線はあいまいです。

✖ 学習環境をつくる練習を提供する教室

練習を提供する教室は、がんばれば自宅でもできることをやらせてくれる場所です。例えば、多読が家庭内でなかなかできない場合に役立つのが公文の英語や、グレーデッド・リーダーである"Oxford Reading Tree"を活用したYOM-TOXプログラムを導入している英語教室などです。実際に教室に行ってたくさん読み、宿題でも読むというサイクルができるので、多読の環境づくりができます。

先生の英語力や指導力がさほど問われないのがメリットです。こうした**教室でつくスピーキング力は、本の中に出てきた表現をそのまま使う力です。**オンラインスクールもあるキャタルも読むことを重視するカリキュラムを採用しており、先生は主に学生です。

実は我が家でも、娘たちが公文式の英語をたまに使っています。英検直前の2カ月だけやらせたりするのですが、公文は1カ月だけの受講をさせてくれるなど、とても柔軟です。唯一の難点は訳読式なので、日本語力が英語力と一致していないと日本語でつまずくこと。それでも集中的に難しいものを読むトレーニングをするときには活用しやすいと思っています。

✖ 英語経験を積める学びを提供する教室

　このように、読むことを中心に行うタイプのスクールと真逆なのが英会話教室。「会話」とついているからにはたくさん話をするように考えられているのですが、実情は歌と映像教材の確認とパターンプラクティスのことが多いです。英語学童保育もこのようなコンセプトのところが多いように思います。

　基本的には英語で楽しく時間を過ごすことが優先事項で、机に向かって読み書きを厳しく行うという考えに反対する先生方が多いです。書く活動も形式上はあるので、どのような考えかを見抜くにはワークブックの添削を見るとわかります。線に合わせてアルファベットを書けていなかったり、スペルが合っていなくてもOKとなっている場合は、コミュニケーション重視のことが多いです。

　メリットは、英語で話す経験を積めること。ご家庭でもできることではありますが、時間がない場合などには教室に通うことで英語に触れる時間をつくっていると考えるといいでしょう。**このような教室でつくスピーキング力は、先生とその場の雰囲気に合わせて短い質疑応答をしていく力です。お友達同士の発話も多いので、少々質が粗くても生き生きとした発話をするでしょう。**

✖ 英語「で」学ぶ塾タイプの教室

　読む練習時間をつくるのに役立つ教室と、話す練習時間をつくるのに役立つ教室があることをお伝えしました。実はもう1つ、どちらかというと「塾」のようなタイプの教室があります。先生は「教える」ことを専門とし、子どもが話す練習相手になるという意識ではないはずです。このような英語教室では英語「で」別教科の内容を学習したりしながら、学んだコンテンツについて英語で話をします。後述するthematic studies（テーマ型学習）やCLIL（クリル

／→p.174）の概念を取り入れた教室を選べば内容重視になるので、例えば理科や社会など学校で学ぶことも練習できるでしょう。このような教室は、放課後インターナショナルスクールのようなイメージです。私も教室の立ち上げ時に思考力の育成にも力を入れたいと考えたため、この手法をとっています。**このような教室でつくるスピーキング力は、スピーチ力などのアカデミックなスピーキング力です。いわゆる「授業の英語」で話すようになります。**東京だとJ PREPがこのタイプの塾として有名です。

　英語を話さないといけない場をつくるために英語教室に通うのは、ペース配分ができることや習慣化できることがメリットです。どのような教室を選ぶかで話す英語のタイプが異なるので、どんなことを優先的にできるようになってほしいのかを検討するといいでしょう。

　また、**対面型と同じようにオンライン型のスクールもあり、練習型とお勉強型に分かれます。**格安フィリピン英会話は、基本的に練習型です。放課後インターナショナルスクールのような役割を担っているのはGlobal Step Academyのようなオンラインスクールです。これらは先生と生徒という関係性が強いので、生徒同士のやり取りを優先したいと考える場合は、次に述べる海外の生徒たちとつながるコースを活用するといいでしょう。

海外の子どもたちとオンライン授業に参加する

　日本に住んでいると、ネイティブの子どもとリアルなコミュニケーションを取る機会がたまたまやってくることは少ないものです。意識的につくらないといけません。我が家では娘たちをオンラ

インイベントやオンラインスクールに参加させることで、世界の子どもたちと接触する機会を設けています。

　オンラインイベントは、たまたま目にしたFacebook広告や「online classes events for kids」などのキーワード検索によって、主に春休み、夏休み、冬休みなどの時期に合わせて探しています。時差を考慮してスケジュールを見ないといけないのが大変ですが、ネイティブの子と画面越しに会えるのは貴重な体験です。

✖ 英語で他の科目を学べるOutschool

　また、単発イベントではなく**継続的に参加できるのが、子どもの学びのためにあるOutschool**[1]**の授業。授業は主にZoom上で行われます。さまざまな授業が提供されており、1回限りのものもあれば毎週継続して参加できるものもあります。**費用は各先生が自由に設定していて、ワンコインのような価格のものもあります。内容は国語（英語）や算数もありますが、アート系、サイエンス系、文学系など学校では受講できなさそうな選択肢があり、選ぶのが大変なくらいです。初めてママ友から紹介されて見たときに、「バーチャ

Outschoolは、一度登録すると
「お勧め情報」が届く

ルサマーキャンプのようだ」と感動しました。こちらも時差の問題は避けて通れないのですが、時間帯と興味が合うレッスンを検索する機能がついているので、合うものを見つけてレッスンを受け、同

世代の子どもとやり取りできます。

✖ コンピューターサイエンスを英語で学ぶ

　このほか、高学年向けですが、定期的に開催されているKids Code Club（キッズコードクラブ）[2]の英語で学ぶコンピューターサイエンス（CS）クラスにも参加しています。無料ですが、英語のクラスのレベルはネイティブ級です。日本はCS教育が非常に遅れているので、プログラミング好きのお子さんでないとわからない話題が多いかもしれません。グループでのディスカッションをたくさんします。レベルが合うかどうかが大切ですが、思考力と英語で意見を述べる力を育むうえでとても有益なプログラムです。

定期的に海外で交流経験を

　家庭と英語教室だけで英語を練習していると、年齢相応のカジュアルな表現が使えないことが多々あります。教室では、教科書で学んだ表現を使う練習をするためフォーマルな表現を使いがちだからです。また、先生は計画的に授業を運営するので、勢いよく話しかけられて困るような経験はできません。先生は、わかってもらえる英語を無意識に使いがちなのです。非英語圏で英語を学ぶうえで避けては通れない課題なのですが、**リアルな英語の練習が不十分になります。よって、生きた英語を十分に体験するためには海外経験が役立ちます。**

✖ コミュニケーションに必要な4つの能力

　リアルな場の必要性は理論的にも支えられます。英語のコミュニケーションに必要なスキルを定義したマイケル・カナルとメリル・

スウェインの「コミュニケーション能力モデル (1980)」では、コミュニケーションに必須の4つの力が次のように定義されています。

1. 文法的能力

　文法力と単語力を使い、文を理解し、そして自分でも文を組み立てていく力のことを指します。英語初級者が練習する質疑応答や短い会話のキャッチボールは、この力を身につけるためのトレーニングです。

2. 談話能力

　情報がひとまとまりの「談話」となるように整理して伝える力のことを指します。パラグラフをつくる力などがこれに含まれます。意見陳述をするときに聞き手や読み手にわかりやすく、すっきりと話せたら談話能力があると言えます。

3. 社会言語的能力

　社会でうまくやっていくために、TPO に応じた適切な言葉の使い方ができるかを指します。例えば、自分が暑く感じていて、部屋に自分よりも目上の人がたくさんいる場合、「クーラーつけて！」とは言いません。「暑くありませんか？」とお伺いを立てたり、「クーラーを入れましょうか？」と提案したりするのではないでしょうか。このように、大人たちは日頃、人間関係を考慮して戦略的に言語を使っています。社会言語的能力はその力のことを指します。

4. 戦略的能力

　コミュニケーション上で何か課題があるときに、その場を乗り越えていく力のことを指します。相手の言ったことが聞き取れなかっ

たり、理解できなかったらどう対処するのか、逆に自分が言いたいことを言うための単語が思いつかないときにどうするかなど、自信がないときにコミュニケーションを前に進める力を指します。

最初の3つは、「学びの環境」の中で比較的身につけやすい力です。学校教育や英語教室でそうした内容を教えており、英語教材でも扱われているので、家庭で英語で身につけていけます。しかし、**最後の「その場で乗り越えていく力」は、実際に「困った！」「伝わらない！」という場面がないと身につきません。**私は戦略的能力を「ピンチを乗り切る力」と呼んでいます。ピンチは実際の対話で遭遇するものなので、我が子が多少困りそうな場をつくってあげる必要があります。

✖ 同世代とのリアルなコミュニケーションが成長を生む

ちょっとした困りごとや「さあ、どうしよう」という瞬間が生まれやすいのが、**日本語が全くわからない同世代とコミュニケーションを取らないといけない状況下です。**相手は同世代の子どもなので、容赦なく英語で話してきます。たとえネイティブの子に「相手がわかるように簡単な英語を使おう」という気持ちがあったとしても、結局は難しい表現を使ってくることがほとんどです。

このような「容赦なく英語でいろいろと言われる状況」に置かれることが、言語習得に必要です。言語学で意味の交渉と言うのですが、コミュニケーションを取ろうとしている人同士は、相手に伝わらないときにどうしたらお互いに伝わるかを考えます。言い換えをしたり、話す速度を落としたり、ジェスチャーを加えたり、身の回りにあるものを使ったりして意味を伝えよう、理解しようと努力をして、negotiationつまり「合意（理解）するための調整」をするのです。このコミュニケーション機会を設けることで「伝わっ

た！」という達成感を得ることができますし、「こういうことだったのか」という気づきが生まれ、成長が促されます。

✖ 日本国内での海外疑似体験

「生きた英語に触れる重要性はわかったけれど、そんなに頻繁に海外旅行に行けない！」という場合は、**国内の疑似体験施設を活用し**
ましょう。我が家で活用しているのはTOKYO GLOBAL GATE-WAY（→p.83）のみですが、講師友達は福島県のブリティッシュヒルズ[3]に行っています。国内体験は、実は台湾などの近場の海外に行くのと費用にあまり差はありませんが、アクセス時間や時差の心配を考慮すると、よい選択肢となる地域にお住まいの方も多いでしょう。

　私は、インターナショナルプリスクールやインターナショナルスクールのサマープログラムを活用したこともあります。最寄りの学校にきっとなんらかのプログラムがあるでしょう。自分自身が子どもの頃に行っていたのは、アメリカンスクールインジャパン（ASIJ）のサマースクール。今でも老舗サマースクールとして運営しています。

　また、アメリカ大使館のサマープログラムは倍率が高く申し込みが大変だという声が多いですが、友人らが行かせています。**参加者**
は海外のプログラムと比べると日本人が多くなりがちですが、海外
での疑似体験としては十分有意義な時間が過ごせて、一般的には2
週間ほど続けて通えば、話す力が伸びていることがわかります。

✖ 小さい頃はホテルのキッズクラブを利用

　日本語がわからない英語力の高い子どもと出会いやすいのは、海外のホテル内にあるキッズクラブのような子ども向け施設（一時預

かりサービス）です。**海外旅行をするときには、キッズクラブがあるリゾートホテルを意図的に選び、滞在中は数時間子どもを預けていました。** そうすると大して英語ができない幼少期でも、英語でお友達をつくっていました。

小学校に入ったばかりの頃、シンガポールのホテルのキッズクラブで参加していた子に英語を介して日本語を教えて、代わりに中国語を少し教わってきました。わずか3時間ほどでもこのように会話をしたり、「何の絵かよくわからないけど、この絵をくれた。だから私も折り紙をつくって渡してあげたの」と娘が報告してくれたことも。**「よくわからないけれど結果こうした」というコミュニケーション体験が、実は言語習得に役立っているのです。**

✖ 親子留学

親子留学は、2週間程度の休みが取れれば挑戦できます。**保護者は語学学校へ、子どもは幼稚園や小学校へ行くようなプログラムです。通年の親子留学プログラムはフィジー、フィリピン、マレーシアなどが多いようです。** 英語が公用語として使われている場所ですが、欧米の英語ネイティブとは異なる英語が話されていることについて、質問をよく受けます。短期の親子留学は、さまざまな体験と、コミュニケーションでのトラブルを乗り越える経験を積むことを目的とすべきなので、私はなんら問題ないと思っています。

我が家でも、海外生活経験がないパパと娘たちで親子留学にチャレンジしました。行き先はフィリピン。私は仕事の都合で行けず、綿密な計画を立てて送り出したのに、残念ながら親子留学は途中リタイア。3週間の予定が、生活が合わずに体調を崩して1週間ちょっとで戻ってきてしまいました。パパは熱や腹痛で数日しかスクールに通えず、子どもたちはひどい口内炎ができていました。

初めて行く場所では、このような思いがけない健康上の問題が起こるリスクがあります。**水や空気といった普段当たり前のように使っているものが異なる場所に行くには、それなりの覚悟が必要です。**まず下調べのためにも一度、その場所へ旅行に行ったほうがいいかもしれませんね。

✖ サマーキャンプとサマースクールでプチ留学

アメリカやカナダでは、学期中に2週間くらいの短期の受け入れをしている学校は少ないようですが、サマースクールやサマーキャンプを活用することができます。**1週間単位で参加できるプログラムが相当数あります。**

サマーキャンプは、工作をしたりみんなで遊んだりといった活動が中心で、勉強ではないので英語力に関係なく楽しめることがほとんどです。サマースクールとはその名のとおり、学校の授業のようなことを夏にやってくれる場所なので、授業を理解できるにはそれなりの英語力が必要です。**ただでさえストレスがかかる海外生活。まずは「勉強」ではなく「楽しむ」ことを目的としたサマーキャンプからスタートすることを強くお勧めします。**

✖ サマーキャンプへの参加方法

周りに宿泊施設が多いという利便性もあり、アメリカの場合はハワイのプログラムを活用するご家庭が多いようです。「Hawaii Summer Fun」で検索をすると、気軽に参加できるサマーキャンプのプログラムを見ることができます。政府が情報を発信しているので、比較的安価なプログラムです。アメリカ本土なら、行きたい地名と「YMCA Summer Program」などと検索をかけると、同じように比較的安価なプログラムが見つけられます。

我が家はロサンゼルスのサウスベイエリアのYMCA Summer Programに参加させていました。インターネットで申し込みが完結するので、問題なく参加できます。このような公益性の高いプログラムは、1日1万円以下で参加できるイメージです。

　私立小学校の行うサマープログラムもたくさんありますが、少々割高です。私立の小学校のプログラムも試してみましたが、あまり公立プログラムとの差を感じませんでした。なお、**これらのプログラムはDay Campと呼ばれるもので、保護者が送り迎えをする必要があります。そのため、周りのホテル情報を調べたり、書類のやり取りを事前に行うなど、手続きを行えるだけの英語力が保護者にも必要です。**

　留学サポートエージェンシーなどを使って子どもを送り出しやすいのは、宿泊型のサマープログラム。私自身が小学生のとき、宿泊型のサマープログラムに参加していました。そのため、**娘たちも次女が年長さんの年から宿泊型のサマーキャンプに1週間預けるようになりました。**Kennolyn Campsというカリフォルニア州のサンタクルーズからほど近い場所に預けているのですが、24時間同世代の子どもと寝泊まりします。私は娘たちが幼いうちは送ることにしましたが、空港からの送迎付きなので、しっかりした高学年のお子さんなら、飛行機に乗せてあとはお任せすることも可能です。まさに、「かわいい子には旅をさせろ」を体現する形です。

✖「なんとかする」ことで英語力がアップする

　日本人がほとんどいないこのキャンプでは、当然わからないことだらけ。たくましさを身につけるためにも、できればほかのコストを削ってでもこの経験を最優先することをお勧めします。

　キャンプでは長い髪はまとめる必要があるのですが、ある年、次

女が髪の毛のゴムをなくしました。長女が説明を試みるも、"lost(な
くした)"という単語がわからず困ったようです。そこで、"She
doesn't have her hair tie. She can't see it. Not here."のようなこ
とを言ったそうです。「見えないんです。ここにないんです」は明
らかに不自然な表現ですが、コミュニケーションとしては伝わりま
す。泣くことしかできなかった5歳の次女に対し、9歳の長女には
戦略的能力が育っていたことがわかるエピソードです。

　このように、**海外では自力でなんとかしないといけない場面が自
動的に発生します。子どもながらに大変に感じることをたくさん経
験すると、確実に度胸と戦略的能力が身につきます。**簡単に海外に
は行けないときは、日本にいながらにして「ちょっと困る場面」を
体験できる施設を活用して、英語を話す力を鍛えましょう。

この章のまとめ

小学校入学まで
・小道具を使って1人
　しゃべりを促す

小学校入学〜
・音声認識ソフトで音読
・海外のオンライン授業
　に参加

段階に応じて
・国内の海外疑似体験に参加
・海外のホテルのキッズクラブを利用
・親子留学
・海外のサマースクールやサマーキャンプに参加

1　https://outschool.com/
2　https://kidscodeclub.jp/category/event/
3　https://www.british-hills.co.jp/bh_news/detail/1530_0000008101.html

「思考力」の基本を育む指針

　言語は考えることに使い、そして考えを伝えるためにコミュニケーションツールとして使います。子どもの年齢が上がるにつれて、英語で考えたり、わかりやすく伝えることを意識する必要があります。

　特に日本で外国語として学ぶ英語は、生活のために必要なのではなく、将来に備えるために必要と考えて教えられています。将来、グローバルパーソンとして知的な活動ができるように、小学生のうちにどのような準備をしたらいいのか考えてみましょう。

知っておきたい学習理論

✘ 母語も第二言語も支える基本的な能力を鍛える

　ジム・カミンズが提唱した「相互依存モデル」をご存じでしょうか（図10-1）。カミンズは子どもが第二言語を習得するときに、場面と能力が2つに分けられると考えました。まず、**学校で友達と遊んだり、生活をしていくうえで困らないように身につける日常言語能力を「基本的対人伝達能力（BICS）」と呼んでいます。次に、学校で勉強をし、抽象的なことも含めて考えるために必要な学習言語能力を「認知学習的言語能力（CALP）」と呼んでいます。そして、2つの言語のCALPの根底にあるのが「共有基底言語能力（CUP）」**です。CUPは母語でも第二言語でも学業において共通した支えとなる能力なので、知識であったり書くことや読むことの基本的な能力だったり、どちらの言語でも使う力です。

カミンズは2つの言語の状態を氷山になぞらえて、BICSは表面に見えるもの、CALPは水面下にあるものと捉えました。このモデルから母語で培った知識や能力が第二言語（英語）に役立ち、学習を助けるという考え方がバイリンガル教育現場に浸透しています。

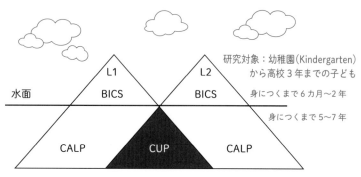

図10-1　カミンズの相互依存モデル（1979, 1981）

　これから親の海外転勤についていくお子さんについて、「あの子は頭がいいから、きっとやっていけるよ」といった表現を聞くことがあります。この発言はCUP、つまり学びを得て、学んだことを発信するのに必要な考えを言語化する力が、まずは母語でしっかりと身についた子であるという意味だと思います。小学生以下の子どもたちはこの先当面、学校生活を送ります。

　したがって、バイリンガル教育をしていくうえでは、このCUPの育成にも力を入れていく必要があります。この重なる領域が広い子どもたちが、両方の言語で力を発揮できます。**一見英語教育と関係がなさそうな「思考力」ですが、本章で取り上げる理由は、思考力がこのCUPに含まれるためです。**

　我が家の長女は、たまたま先に英語で体系立った話し方や書き方をする練習をしていたので、日本語の作文を見ても、その影響が出

ています。理由を3点に絞って、掘り下げてまとめていく練習を自宅でしていた10歳の頃、4年生と5年生の違いについて述べた小学校で書いた日本語の作文でも英語的なfirst, second, thirdといった書き方をしていました。また、途中に「1つ目と同じですが」といった関連性などを示す表現も使っています。1つの言語で学んだことがもう1つの言語に影響するということがわかる例です。

自分の考えを3つの理由から
説明する長女の作文

✖ レディネスと足場づくり

　レディネス（readiness）はready+nessなので、「準備完成度」という意味です。**学習におけるレディネスとは、新しいことを学んで習得できる準備が整っているかどうかを指します。レディネスがない場合は、新しい知識や能力を習得するのは難しいと考えられて**います。精神的なレディネス、知的関心的なレディネス、能力的なレディネスなどがあります。子育て中に何か教材を与えると、「うちの子にはまだ早かったかな」と感じる場面に出くわすことがあると思いますが、このうちの1つまたは複数の準備度が理想的なところまで到達していなかったということです。

　「もう英検を受けられますか？」といった幼児の保護者からの相談を受けることが多いのですが、「英語力的には問題ないと思いますが、知らない子どもたちと2時間くらい、保護者と離れて過ごすことはできそうですか？　マークシートは間違わずに塗れそうですか？　問題冊子の数字と合ったところを塗る力が必要です」といった内容をよくお答えします。すでに中学課程程度の英語力を身につ

けている幼児を持つ保護者への最終的なアドバイスは、「小学校に入学して自分で通学するようになったらかなりしっかりしますので、それまで待って3級からスタートしたらどうでしょうか」となることが多いです。

準2級、2級になると、英語だけでなくトピック理解の力が問われます。環境を守ることや、働くこと、店舗が営業することとはどういうことかなど、世の中の仕組みをある程度理解していないと取り組めない問題ばかりです。そのため、トピック対応レディネスを家庭で育む必要があります。**基礎知識とそれに基づいて考える力、この2つを育む支援をするのが保護者の役割です。**

ではレディネスが備わるように、どのように家庭内で活動をすべきなのか。それは、スキャフォルディング（scaffolding）、つまり足場づくりをすることが必要です。**子どもの学力を伸ばすために、まだ1人ではできないことを最終的には1人でできるように、必要なタイミングで1歩ずつ上にのぼるための足場を用意してあげるイメージで捉えるといいでしょう。**うまくいかない課題があれば答えを教えるのではなく、問いかけなどをしながら、子どもが自ら1歩前に進めるように働きかけます（→p.157）。この繰り返しで新しいステージに進み、新しい挑戦ができるレディネスが備わっていきます。

おうちで思考力を育成するには？

あるトピックについて英語で書いたり話したりするためには、そのトピックに関する知識だけではなく、意見をまとめるための考える力も必要です。残念ながら日本の小学校において、この論理的な思考回路とコミュニケーション力を育てる時間はごくわずかです。学校教育も変わりつつあり、アクティブラーニングを取り入れてい

る授業も増えましたが、一般的に考えると、学校では知識を伝達する時間が長いです。**思考力を育む時間は、学校では十分つくられていません。そのため、我が子の思考力を育てるためにどのような機会を提供するかを考えるのは保護者の役割です。**

　一方でアメリカの小学校では、ライティングやディスカッションの時間を通して思考力やわかりやすい伝え方を身につけていくことが多いです。両方の教育制度にいい面があると思いますが、英語習得において特に役立ちそうなアメリカのライティング指導についてまずはお伝えします。

思考力の育成に役立つ アメリカのライティング授業

　アメリカの小学校では国語、つまり英語の時間でいくつかのタイプ別の課題をもらいます。次のような構成のライティング課題が出ます。そして小学校卒業前に練習が始まり、大学の必修科目まで継続してこれらのいずれかのパターンに合わせて書く課題が出ます。**自分の考えが相手に伝わるように具体的に示す練習を長期にわたり行っています。**これらのフレームワークは「どう伝えるか」に役立つので、ウェブ上の情報などを見ながら親子で「伝える型」を学ぶといいでしょう。

✖ 出来事を時系列に沿って書く作文

　物語作文（Narrative Essay）は、日本の学校でたくさん書くタイプの作文です。もしかしたら日本の小学校で指導しているのはこれだけかもしれません。何をやったかを時系列に沿って書くタイプのものです。遠足に行った日の出来事や運動会での出来事について

書く課題が出ますが、その日に起きたことと自分の気持ちを説明することで作文が完成します。**伝え方のポイントとなるのは、時系列に沿って主要な出来事を掘り下げて説明すること。**このような練習は日本の学校でもたくさんするので、英語でも同じようなことを書く思考回路は自然とでき上がるでしょう。**家庭学習では、これ以外のものに練習の時間をかけましょう。**

✖ 場面を描写して様子を伝える作文

描写型作文（Descriptive Essay）とは、読み手がその場面をイメージできるように、形容詞や副詞をたくさん盛り込んで場面の様子を伝えるタイプの作文です。日本では「読み物」として、国語の授業でこの型で書かれた日本語を読ませています。**「作者はどのような気持ちで『しんしんと降る雪』と述べましたか」といったことを考えさせる設問がありますが、描写力について理解するのが狙いです。**

書く練習はあまり日本で行いませんが、「近所に何があるかについて書きなさい」と言われれば、小学校卒業の頃には「大きな公園があって、そこにはタコの形をした遊具があり、いつも子どもたちでにぎわっています」といったことを書けるようになっているでしょう。**国語が得意な子どもは、家庭内での強化は不要かと思います。**

✖ 物事の因果関係を説明する作文

因果関係型作文（Cause and Effect Essay）とは、物事の因果関係に焦点を当てた作文です。"Therefore（したがって）"や"As a consequence（結果として）"といった表現を使いながら書き上げます。アメリカでは、小学校高学年からこのようなライティング練習をさせることが多いです。例えば、「オンライン授業がもたらす

影響について」といったトピックについて書くような宿題が出ます。日本でも大学の一部の学部で取り組んでいると思いますが、小学校ではこうした作文を書く練習は行っていないので、苦労するお子さんが多いです。英語試験においては非常によく出る形のライティング課題なので、ぜひご家庭で練習しましょう。

✖ 根拠を説明して読み手を説得する作文

　説得型／議論型作文（Persuasive/ Argumentative Essay）では、「私は〜だと思う」と論理的に読み手を説得するように書く、いわゆる意見陳述の書き方をします。**書く型が決まっていて、各段落でなんらかの根拠を出して説明します。この力は将来ネイティブと学校生活を送ったり、仕事をすることを想定するならば必ず身につけるべきです。**アメリカの小中学校では、次の5段落で書く練習をします。

　第1段落：自分の意見と3つの理由を列挙する
　第2段落：理由1を説明する
　第3段落：理由2を説明する
　第4段落：理由3を説明する
　第5段落：まとめ

　さまざまな英語試験でこのような問題が出て、そのミニバージョンが英検2級のライティング課題になっています。我が子にも身につけてもらうように家庭内で工夫をしていきましょう。

✖ 書く力は家庭で育てる

　「書く練習時間」がアメリカの学校教育に組み込まれているのに

対し、日本の学校のカリキュラムにはほとんどないことを述べてきました。しかし英語の試験では、英語圏の子同様にこうした課題に取り組むことが求められます。だからこそ、英語学習者には思考力が必要であり、家庭で育てていく努力が必要です。

　将来お子さんが留学したいと言えば、TOEFLやIELTSといった試験を受けることになるでしょう。そのときに、意見陳述の問題に取り組まないといけません。アメリカの大学受験ではessayの課題や自己PR小論文が求められることが多いです。自分が大学でどのようなことを学び、結果としてどのような人になれるのかを伝えなくてはいけません。もちろん、自分が大学に対してどのように貢献できるかも述べる必要があります。バイリンガルとして将来必要になるのは、体系立てて話を組み立てることに慣れているネイティブにも引けを取らないような思考力と書き方です。

✖ アウトプットが思考力を育てる

　アメリカの高等教育では読む課題がたくさん出ますが、実はその目的は読むことだけにとどまりません。読んだものについて自分の意見を述べるために、ライティング課題が設定されています。そういった背景からも、アメリカではインプットした内容についてはなんらかのアウトプットをする訓練をずっと行っていると言えます。一般的に教養のあるアメリカ人は自分の意見をまとめるのが速く、勢いよく論理的な主張ができるのはこのためだと言えるでしょう。

　これを主体性や発信力と呼ぶこともできますが、主体性や発信力を持っていても速く考えをまとめられないと議論を進める力が発揮できません。そのため、思考力の育成が非常に重要です。将来グローバル社会において対等にやり取りができる人を育てたいと考える場合は、速く考えをまとめて論理的に伝えていく必要があるでしょう。

だからこそライティングといったアウトプット活動を通して、この力を育てることを保護者が意識するべきです。そして、その力を育成するのにちょうどいいレベルなのが、英検の準2級と2級です。

✖ 考え方の育成に日本のコンテンツを活用する

日本にもロジカルシンキングを鍛えるためのNHKの『ロンリのちから』という番組があります。ただ、高校生向けのコンテンツなので、概ね理解できるようになるのは小学校高学年かもしれません。番組は日本語なので、英語力を問わず教材として活用できるのがメリットです。

この番組では、「みんながそうだから」とついつい言ってしまうことが理にかなっていないことなどを教えています。「みんながこの文房具を持っているから私も必要！」といった論理は成立しないと高校生が学ぶことを意図した番組なのですが、このようなロジカルな発想を小学生のうちに身につけると将来考えることが苦にならないでしょう。このような教材を活用して日本語で考える力を育成することをお勧めします。

子どもの思考力育成を目標とした塾もあります。我が家も検討をし、子どもの生活時間からこれ以上学びの時間を捻出するのは難しいと判断して入会しませんでしたが、オンラインスクールもある学習塾ロジムのロジカルシンキングのコースが非常に魅力的でした。

また、小学校でのプログラミング授業のスタートに応じて、多くのプログラミングスクールができました。プログラミングは特に因果関係を理解するのに効果的だと思います。ちなみに、私の教室ではレゴブロックを使ったプログラミング教材を活用して、プログラミングの基礎を教えるイベントやレッスンを開催しています。レゴ

ブロックを使って作品をつくるので、プログラミング自体があまり好きではないお子さんも組み立てるのを楽しむことができますし、指示どおりに組み立てるために図形の裏面がどうなっているのかを考えたり、どうしたらお手本どおりに仕上がるかを考えるよいトレーニングになっています。このような英語以外の活動を通して考える力を養う時間を取ることを検討してください。

✖ 生活における「なぜ?」を大切にする

我が家の長女は3歳くらいのときに、「すずめさんはなんでジャンプしかしないの?」と聞いてきました。「カラスさんは歩いてた」と言うのです。あとでインターネットを見たところ、木の中に住んでいる鳥は枝と枝をぴょんぴょんと行き来するためにすずめのようなホッピング系が多くて、水の上で水かきをしたり地面で歩いたりする鳥にはウォーキング系が多いようです。**このようなことがわかれば、進化の過程についても教えられるチャンスです。保護者も一緒に調べて考えて、疑問を解決しましょう。**

✖「あれが欲しい!」は論理力アップのチャンス

子どものほうから質問が来ることのほうが、親から子に「なぜ?」と尋ねるよりも多いと思います。しかし、**保護者も「なぜ?」を問いかけましょう。**我が家では、子どもの言葉が足りないときに「なぜ?」を投げかけます。例えば、友達が持っている文房具が欲しいと言ったときに、なぜその文房具が必要なのかを自分の言葉で説明できるように伝えるといいと思います。

娘が小学校3年生頃のある日、残業をして子どもが寝てから帰宅したら、稟議書のようなものがテーブルに置かれていたことがありました。

```
ママ、お金をください。よろしくおねがいします。

  買うもの：算数ノート
   りゆう：学校でこのノートときめられているから。
       今のノートがもうなくなりそうだから。
  ねだん：140円
```

　学校に必要なものは買い与えているので、「算数ノートを買うお金をください」と言われたら「なんで？」と質問したりしません。しかし例えば、「このおもちゃが欲しい」や「犬を飼いたい」など、必要不可欠ではないものについては、「どうして？」や「理由を教えて」という表現を使っていたので、娘は自らこのようなことをしたのです。日常的な問いかけによって人間的にも成長します。

　なお、日本では文化的に、いつも正論を言っている人や理論的な人は煙たがられることがかなりあると思うので、「理屈っぽい子になったら嫌だ」と感じるかもしれません。ただ、**何かを論理的に述べたからその考えが正しいとは言えません。「相手を論破することが正義である」または「筋道を立てて話した内容は必ず正しい」と**いうことはありませんので、この点も併せてお子さんに伝えていくように気をつけるべきです。誰かを論破するためでなく、あくまでもコミュニケーション手法として、考えていることを具体化し、相手に理解してもらうために思考力をつけているということを保護者は認識しておきましょう。

✄ 体験学習をお膳立てする

　共働きで時間がないということもあり、我が家では子どもに役割をたくさん与えてきました。**責任を持たせて任務を完結させること**

が思考力アップに役立ちます。私が教室運営で遅くなる日は、子どもに夕食準備をしてもらっています。次女は特に料理好きで、9歳から殻付き牡蠣を処理して料理をするほどの腕前。私よりも料理上手だと思います。

料理は段取りが大切です。娘たちの時間があるときは、食材の購入から任せています。予算を与え、数日分の献立を考えて買い物をしてもらいます。量も4人分がどれくらいかを考えないといけません。例えば、ほうれん草は1束買っても、茹でたら縮んでしまい少量になります。それなりの失敗をしており「家族分の食事が全く足りない」ということも起きましたが、このような経験が大切です。

料理の一連のプロセスを任せることと英語学習とは全く関係ないように思えますが、**こうしたさまざまな体験が英検の意見問題に解答する際に役立ちます。しかも自分から発信するライティングとスピーキングのみならず、リーディングやリスニングでも役立ちます。**例えばリスニング問題で買い物に出かけたときの会話が登場しますが、買い物をしに行ったけれど、「スーパーに欲しいものがなかったので代替品を買ってくる」といった状況設定は、このような経験があればすぐに場面を想像して理解できます。

流通について理解するために、「この食材はどこから来ているの?」と確認することも大切です。海外からの輸入食材も多いですし、日本でも別の都道府県から来ているものが多いでしょう。日本の小学校でも各都道府県の特徴や名産品を学びますが、その際、地理や天候など、そこで名産品がとれる理由を理解することが大切です。中学校受験をする場合は、このような問題が試験に出ることもあるでしょう。**しつこいようですが、日頃から考える力を養うのは、日英ともに大切です。**

✖ お金から世の中を理解する

　我が家にはお小遣い制度はありません。お誕生日祝いやお年玉として祖父母からお金をもらうことはありますが、娘たちは家庭内で仕事をしないとお金がもらえません。ほかのご家庭でもきっとやってもらっている「お風呂掃除」「植物への水やり」「ベランダの掃除」など、通常のお手伝いですがそれぞれに料金表をつくって、働きたいときに働いてもらっています。

　娘たちは何か欲しいものがあるときにだけしか働きませんが、**高額なものを買いたければ、長期間働かないといけないので、制約を考慮して考えたり、計画性を持って行動することを考えるようになります。**この「働く」という概念も、英検の準2級から出てきますので、「好きなときに働ける」や「好きな仕事を選べる」という経験を生かした意見陳述ができるようになります。

　私は、少額のお金の管理も子どもにさせて責任感を持たせるのがよいと思っています。同じノートでも、文房具屋さんで購入するより100均で購入したほうが安く、ほかのものも買える可能性があります。お金の話は買い物というトピックと関連して英検5級から出てきますし、準2級と2級では意見を述べるとき「ソーラーパネルは高額なので、あまり多くの家庭では設置できないと思う」といった意見を支える根拠になります。**大人が責任を持ってする生活を疑似体験させることで、世の中のことがわかり、どうしたらよいのかを考える力が身につきます。**

　またフリーマーケットに関するトピックも、英検のスピーキング試験で出ることがあります。実際に行ったことがないとイメージがわきませんので、娘たちをフリーマーケットやハンドメイド展などに連れていったりしています。使っていないものを人に譲ってリユースすることが環境にいいことや自分が楽しみながらつくったも

のをほかの人に譲って喜んでもらえること、そしてお金を得られることなどを伝えながら体験もできるようにしています。知人に頼んで、出店時に花束を販売するお手伝いをさせていただき、どんな人に声がけしたら買ってくれる可能性が高いのかなどを考えさせたこともあります。**いろいろな経験を通して、学校ではあまり考える機会がないことを家庭で補っていくといいでしょう。**

✖ Why? Because... ゲームで遊ぶ

「なぜ？」を投げかけることで考えるきっかけがたくさんできるので、私の教室ではときどき私が“Why?”と聞き続けるゲームを行っています。「理由の理由」を掘り下げていくゲームです。「風が吹けば桶屋が儲かる」ということわざがありますが、その説明はできるでしょうか？「風が吹くと土ぼこりが舞う→土ぼこりが目に入って目が不自由になる人が続出する→目が不自由になると……」というように説明してもらっています。このことわざは「意外なところに影響が出る」という意味なので、「本当に？」と疑いたくなる理由がストーリーに含まれていますが、それがおもしろいところです。子どもたちにストーリーをつくらせると、次のようにことわざとは全然違う話が出てきます。

> 風が吹くと寒くなってみんな家に帰る→みんなお風呂に入りたくなる→家族全員でお風呂に入りたくなって、桶がたくさん必要になる

同じように、好きなものについて話すときにも、詳細はあいまいでもいいので、説明をしてもらっています。

I like sushi. → (Why?) Because I like eating fish. → (Why?) Because it's healthy. → (Why?) Because it has good things for my body. → (Why?) Because I eat *hone-senbei* and it has calcium. → (Why?) Calcium helps our bones grow.

　このように、1つ理由を言ったら "Why?" と突っ込んで、また がんばって1文言うという遊びを、私は "Why? Because..." ゲームと呼んでいます。トレーニングなので、実際の内容が合っているかどうかはいったん置いておき、話が飛んでしまわないように掘り下げていきます。

　英検のライティングでも面接でも、質問に対する答えを2つの理由で支えないといけないので、こうしたゲームは、その場で理由を考える力にもつながります。

　思考力についてよく聞かれるのが、「英語と日本語、どちらの言語で遊んでいますか」という質問。前述したようにCUP（→p. 155）が育つので、**その場面でより深く考えることができる言語を使えばいいです。英語で "Why? Because..." と言えないうちは、日本語で行いましょう。**どちらで先に習得しても、もう1つの言語によい影響を与えます。

✖ 家族でロジカルシンキングトレーニングを

　書店のビジネス書籍棚に行くと、「フレームワーク活用」というテーマの本がたくさん存在します。ビジネス雑誌の特集記事もよく組まれています。ビジネスシーンでは情報を整理するため、そして経営陣にわかりやすい提案をするために情報をフレームワークに

沿って分析し、図式化することが多いです。よって、フレームワークや分析法を子どもにわかるレベルで伝えられたら、思考力をつくり上げるのに役立ちます。そのため、保護者も大人向けの書籍などを活用して考えるトレーニングをするとよいでしょう。

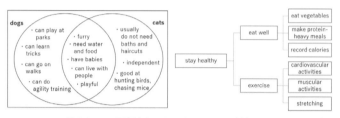

図10-2　ベン図（左）やソリューションツリー（右）などでトレーニングを

　いろいろなフレームワークを知っていると、ゆくゆくお子さんが受験するかもしれないさまざまな英語試験でも役立ちます。英検で言うならば、英検2級ではそんなにひねった解答をする必要はありませんが、英検1級の二次試験にもなると、自分の意見を支えるだけでは不十分で、面接官が述べる反対意見を否定できるように論理武装する必要があります。**子どもの頃からそのようなゴールを意識し、その道筋を保護者がつくっておくことは無駄にならないでしょう。**たとえ、**英語の道を外れても、日本での小論文試験で役立つでしょうし、頭の中にあることを可視化すること、体系立てて言語化することは絶対に無駄になりません。**お子さんの未来のために、保護者も一緒に思考力トレーニングに取り組んで、さまざまな可能性を広げていってくださいね。

おうちで知識量を増やすには？

　ロジカル思考は、英語か日本語かという点はあまり関係ないこと

をお伝えしました。**英語でも日本語でも考えられるようになること**
が必要で、どちらからスタートしても問題ありません。また、考え
る力を養うきっかけとして、私は英検を活用することを提唱してい
ます。知識を増やすことについても同じことが言えます。どちらの
言語で世の中に関する知識を得るか、順番は大切ではありません。

　ここからは英検2級までで扱われる意見陳述問題に答えられるよ
うに知っておきたい世の中に関する知識を得るために、何をしたら
よいかについてです。

✂ ニュースを見る

　我が子にわかるレベルのニュース媒体を探すか、大人向けのもの
を解説してあげながら活用しましょう。日本語であれば読売KO-
DOMO新聞や朝日小学生新聞などの子ども向け新聞があります
し、本来は外国人向けにつくられていますが、NHKの「NEWS
WEB EASY」[1]は日本語が平易でルビも振られていて、子どもに役
立ちます。

　新型コロナウイルスで学校が開いていなかった緊急事態宣言中は
NHKの「おうちで学ぼう」のサイト[2]を我が家では活用していま
した。

　英語でも同じように子ども向けの情報源があります。**特に将来的**
にインターナショナルスクールやイマージョン教育、留学を検討し
ている場合は、どの年齢でどのくらいの到達地点にいることが求め
られているか参考になるので、NewsForKids.netやTIME for
Kids、またCBC Kids Newsなどのネイティブの子ども向けサイト
を活用しましょう。「kids news」というキーワードでウェブ検索
をすると、いくつものサイトが出てきますので、お気に入りのもの

を見つけてください。我が家は基本的には大人向けのCNNやBBCを聞き流し用に見せているので、「このトピックは理解してほしい」と思ったときに声がけをして、理解を確認したり日本語で補足説明をしたりしています。

　ウェブサイトは情報の宝庫です。スマートフォンやタブレットなどの持ち運びやすいものでもウェブ検索ができる時代になりましたが、英語のウェブサイトが圧倒的に多いです。今後、多言語対応化されていくことでしょう。しかし今現在は、英語で情報収集をする楽しさがあるので、子どもたちには「英語ができるとより多くの情報を得られる」というメリットも感じてほしいと願っています。

✖ 内容を重視した絵本を選ぶ

　ニュースを読むと時事トピックに強くなりますが、興味のあることを学びたいときには絵本を活用するといいでしょう。多読にノンフィクションものを活用してください。"Japan: Travel for Kids (Dinobibi Publishing 著)"のような**日本について英語で学べる絵本もありますし、世界で問題となっているような内容についての絵本もたくさんあります**。例えば、環境問題について考えさせるために私が気に入って使っていたのが、"Michael Recycle（Ellie Bethel 著)"。韻を踏んでいるので音が楽しく、内容はリサイクルに関するものです。環境に関するトピックはよく英検でも出るのですが、娘たちはこの本を小さい頃から読んでいるので、スムーズに準2級と2級の環境に関する問題に取り組めました。

　"Mistakes That Worked: 40 Familiar Inventions & How They Came to Be（Charlotte Jones 著)"は、昔から人気の「おもしろ事実」の本です。「へ〜」と言いたくなることが紹介されています。

このような事実に関する本もネイティブの子どもたちの間で人気です。我が子の興味関心のあるものを見つけるためには、アメリカのAmazonで「facts for kids」などとキーワード検索してみてください。こうした本は英語レベルが高めなので、英語が得意な保護者と一緒に読むことをお勧めします。

"The National Geographic Little Kids First Big Book of…"シリーズは、英検3級に合格したくらいから読める本ばかりです。"First Big Book of Animals"は動物について、"First Big Book of Who"は歴史上の人物についてといったように、理科と社会の分野の本が多いのが特徴です。色鮮やかな写真が多く、私はナショナルジオグラフィック社の本を気に入っているので、このあとに記載するCLIL向けの本を教室で活用しています。

価値観などを伝えるために役立つ絵本もたくさんあります。"We're Different, We're the Same（Bobbi Kates著）"はダイバーシティについての本で、アメリカに行ったときに購入して、滞在中に子どもたちに読んでいました。いろいろな髪の毛の色や見た目の人がいることを理解するのに役立ちます。セサミストリートのオフィシャルYouTubeチャンネルに、人気キャラクターによる読み聞かせもあります[3]。YouTubeで「Sesame Street Read Along Series」と検索すると、このほかにもたくさんの本の読み聞かせがあるのでお役立てください。

いろいろな家族の形について教えるときに私が活用したのは、"The Great Big Book of Families（Mary Hoffman著）"。核家族から大人数の家族、養子として育てられる子、両親が同性の家族、貧

富の差による住むところの違いなどを伝えています。多様性理解に関する教育は日本ではあまり公教育の中で行われていないので、このような内容も絵本を通して伝えるといいでしょう。このほか学校教育であまり教えていないけれども家庭で教えたいことがあれば、英語の絵本のほうがさまざまなテーマを扱っていると思うので探すといいでしょう。例えば子ども向けの性教育であれば、"Amazing You!: Getting Smart About Your Private Parts（Gail Saltz著）"が有名です。

✖ CLILの教材を活用する

学校で教えている他教科と連動した内容を教えるESL（第二言語としての英語）の教科書は、保護者が英語を教えるつもりでいる場合に特に役立ちます。絵本と異なるのは、英語学習のためのワークが組み込まれている点です。内容理解と並行して、英語の文法ポイントなどを確認することができます。今では「CLIL」という言葉ができ、聞いたことがあるかもしれません。CLIL（Content and Language Integrated Learning）は「内容言語統合型学習」と訳されることが多いのですが、英語以外の教科と英語を同時に教えることですので、CLILの教科書は考える力を養う英語教育に適しています。

CLILは「第二言語」も同時に教えることを明確にし、比較的最近広まった考えです。その前にはContent-based Instruction（内容重視指導法）やThematic Unit Instruction（テーマ単位指導法）といった名前で、1つのテーマに基づいて教えていく手法がありました。私はthematic unit（テーマ単位）に分けて指導をするという考えが好きで、2003〜2004年頃に品川区の小学校で授業を担当させてもらっていました。まだ小学校英語の先駆けの時代です。

2005 〜 2008年頃に株式会社アルクで小学校英語指導者資格の取得研修を受講された方は、私の模擬授業を見たことがあるかもしれません。

　以前は「英語の教え方」が明示されているテーマ単位指導法の教材が少なかったのが問題でした。最近ではCLIL教材の普及によりその問題が解決され、保護者が適切な教材を買えば自宅で教えられるようになっています！

　例えば、テーマが「海」なら次の各要素があります。CLILはすべてのコンテンツが学習の教材となりうるという考えなので、興味のあるコンテンツは何でも活用できます。

　理科的要素：海に住む生き物
　社会的要素：地理と世界の海
　算数的要素：塩分濃度の計算方法や%の概念
　国語的要素：海に関する詩を書く

　大手英語教室もCLILの教科書に移行していますが、私の教室ではナショナルジオグラフィック社の"Our World"シリーズを活用しています。**各ユニットで教えるべき単語、文法項目、そして内容が分かれているので、英語が得意な保護者であればこれを使って指導する**ことができるかと思います。教科書と連動したOur World NGLというアプリもあり、そのゲームを使って復習もできます。

　CLILの教材であれば、このようなコンテンツの中の単語が学びやすく整理されています。単語を使って文をつくるなどの活動を家族で楽しんでください。

"Our World Level 3 Unit 4"より「五感」をテーマとしたページ

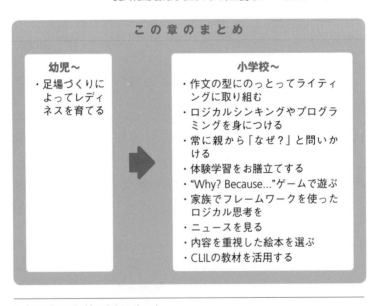

この章のまとめ

幼児〜

・足場づくりによってレディネスを育てる

小学校〜

・作文の型にのっとってライティングに取り組む
・ロジカルシンキングやプログラミングを身につける
・常に親から「なぜ？」と問いかける
・体験学習をお膳立てする
・"Why? Because..."ゲームで遊ぶ
・家族でフレームワークを使ったロジカル思考を
・ニュースを見る
・内容を重視した絵本を選ぶ
・CLILの教材を活用する

---

1 https://www3.nhk.or.jp/news/easy/
2 https://www.nhk.or.jp/school/ouchi/?cid=dchk-commonheader
3 https://www.youtube.com/watch?v=hUrjb4SZnxg

「発信力」を育む指針

　世界で活躍できる日本人を育てていく努力は教育現場のみでは足りず、今では多くの企業がグローバルリーダー育成に力を入れています。学業においても職業においても、1人きりですべてを完結することは難しく、円滑なコミュニケーションができるからこそ、よりよいアイディアが生まれます。**まずは人に流されず、自分の意見や気持ちを大切にし、多くの人に自身の思いを伝える力が必要です。**

　英語というコミュニケーションツールがあれば、伝えたいことをより多くの世界の人に伝えられます。発信力が発揮されるのは自分のアイデンティティが成熟するティーンエイジャー以降かもしれませんが、小学生のうちに何ができるかを考えましょう。

　ここで紹介する内容は小学生高学年くらいになってからが適切な活動が多いですが、未来に向けてあらかじめ知っておくとよさそうな内容をご紹介します。

グローバルパーソンを育てる保護者のマインドセット

✘「○○しなさい！」「○○しちゃだめ！」には要注意

　アメリカでアジア人の保護者について、タイガー・ママ（tiger mom）やヘリコプター・ペアレント（helicopter parent）と表現されているのを耳にします。タイガー・ママは、2011年に原書が出版された『タイガー・マザー』（エイミー・チュア著）が生み出した言葉です。中国系フィリピン人の両親を持ち、子どもの頃にアメ

リカへ移住し、英語ができずいじめに遭いながらも優秀な成績を取るようになっていったプロセスとアジア文化の子育てについて、当事者の目線で語ったストーリーです。

自主性や考えることに重きを置くアメリカの一般的な子育てと異なり、アジア系の移民は「今すぐこれをやりなさい」「学校ではトップの成績を取り続けなさい」「毎日2時間は家で机に向かいなさい」などと指示し、それが達成できないとやり直しをさせたりお仕置きをしたりするという内容です。**特に学業に対する執着心があるのがタイガー・ペアレントです。**

一方、ヘリコプター・ペアレントは子どものことを常に見張っているような、**過保護すぎる保護者のことを指します。**まるで報道ヘリコプターに乗って、常に子どもが誰と何をどうしているかを見ていて口出しをするような状態を意味します。ちょっとしたことで先生に電話をかけ、子どもの友達まで選び交友関係に口出しをしてしまうような保護者、周りにいませんか？　それがヘリコプター・ペアレントです。

✖ 管理しすぎるのは逆効果！

フルタイム勤務をしているとそこまで子どものことを見ていられないのですが、それでも私自身そうならないように注意が必要だと思ってきました。そもそも日本で英語教育に力を入れて、日々英語を生活に取り入れる努力をしている時点で「教育熱心」の部類に入ります。娘たちが連日「音読は明日やる」と言い続けてずっとやらなかったりすると、かなりガミガミ言ったこともあります。

しかしヘリコプター・ペアレントのように、特に子どもが嫌がっているときに進捗管理を細かくしすぎると、自己管理能力が育たなくなったり、自信がなくなったりするそうです。「勉強しなさい」

と言われると、「今やるつもりだったのに！」とモチベーションが下がってしまうのは昔も今も同じ。**あまり子どもを管理しすぎると自信が育たず、また自分は何が好きで何をやりたいのか考えることをやめてしまうリスクがあります。結果としては人に表立って伝えたいこともなく、発信力が育ちません。**

✘ 子どもの好きなことや得意なことを伸ばす

　英語を武器に将来活躍してほしいと願い、英語をやらせるのですから、**子ども自身に英語で発信したくなるような何かがないと英語を使う場面が将来限られてしまいます。**英語以外に好きなことや自信が持てることを早く見つけてあげましょう。天才的に何かが上手である必要はありません。本人が嬉しい、楽しいという感情を持てばドーパミンやセロトニンといった幸せを感じるホルモンが出て、気分よく続けることができますし、気分がよければ、人にその楽しさを発信することもできます。この発想は日本の学校教育にはありません。そのため、自宅で好きなことを見つけて伸ばしてあげる必要があります。

　一方で、アメリカの教育制度は得意なことを伸ばしやすいです。学校で本格的にスポーツをする子もいれば、ボランティアをする子も、さまざまなコンテストに参加するコンテスト好きもいます。**有名大学に応募する際には、課外活動を入学審査書類に記載する必要があるため、進学校であれば学生の支援を積極的に行います。**私の場合は飛び込み競技を高校で本格的に行い、その実績が大学の合格や奨学金オファーにもつながっています。小学校のときに体操競技をやっていたことから、高校で飛び込みの実力を伸ばすことができました。このように、小学校のときにやっていたことが中高生へとつながるので、小学生のうちに何かがんばれることが見つかるとい

いと思います。

　日本では、課外活動は家庭で探します。少年野球チームに所属したり、ボーイスカウトやガールスカウトに参加したり、本格的にバレエを習ったりする際、ほとんど学校の支援は受けられないと思います。**世界の人たちに英語で伝えたい経験となるような出来事を保護者がつくってあげられるといいですね。**

✖ 我が子の学び方の特徴を生かす多重知能

　日本であまり浸透していないのですが、ハワード・ガードナーの「多重知能理論」をもとに、どのように我が子が自己表現し、発信力を鍛えるべきかを考えるといいでしょう。**ガードナーは、IQは言語的な知能と数学的な知能に重きが置かれているけれども、それだけでは人の知能は測れないと述べました。そして、IQテストは学校での勉強の出来の良し悪しを推測するのにある程度は役立っても、実際の生活においてはそのほかの知能も多元的に使っていく必要があると考えました。**知能の分類の数は、7、10、12などといった意見もありますが、図11-1の8つの分野で多重知能が語られるのが一般的です。

　これらの知能をすべての人が持っていますが、バランスが人により異なります。音楽性に非常に優れた人もいれば、数字に非常に強い人もいます。この強みがわかっていれば、「英語×音楽」「英語×数学」のように英語で発信する分野を定めやすくなります。

　我が家では「英語×運動」のMy Gymという運動教室に5年間くらい通いました。ごく自然に英語で先生と会話し、多少の器械体操のような動きも身につけられて楽しんでいました。

　知的な発達には時間がかかるので、小学生のうちは傾向しか見えてこないかもしれませんが、子どもの特性を早くから見つけること

ができればそのあとの学習支援をスムーズに進めることに役立ちます。ぜひ我が子の「英語×得意な何か」を探してみてください。

（1）人間には多様な能力がある

マルチ能力（多元的知能）理論　ハワード・ガードナー

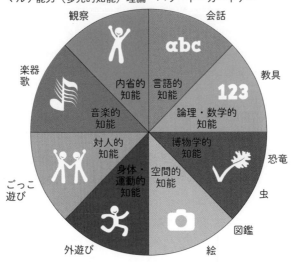

図11-1　8つの多重知能

発信するための基礎力づくり

✖ 自由作文をさせよう

書く活動として、絵日記を紹介しました（→p.131）。絵日記を卒業したら、自分の気持ちに焦点を当てた英語日記に移行しましょう。自分の気持ちや考えを振り返るのは大人でも難しい作業です。気持ちが乗ったときだけ取り組んでもいいでしょう。

教育現場で育成すべき能力とされているものの1つにメタ認知能力があります。自分の思考や気持ちや行動を客観的に認識する力で

す。主に思考力強化のトレーニングに関連してメタ認知が話題になりますが、思考力のみなら人に伝えたい自分の気持ちなどにも焦点を当てられます。

　アメリカの国語の授業で行われるfree writing（自由作文）やself-reflection（内省）は自分の学習活動や学び、そして不安や喜びなどを言語化する活動です。まずは時間をかけて紙に書き出して可視化し、先生やほかの生徒と共有します。このような活動は青空教室のように外で行われることも多く、そのときに感じている日差しや空気、周りに見えるものや音などにも意識を向けて、日頃どのような世界観を持っているのか、自分自身で考えます。

　日本の子どもたちに何かを書かせると**出来事について述べることが多く、どう感じたかを述べるのがあまり得意ではありません**。楽しかった、嬉しかったといった形容詞を使うだけではなく、何がきっかけでそう思うに至ったのかなど、詳細に書いていく必要があります。この訓練ができるのは、自分の考えがしっかりと持てる9歳くらいの年齢からでしょう。いずれできるようになるために、現時点では気持ちに焦点を当てて少しずつ足場づくり（→p.158）をしましょう。

　"The 3 Minute Gratitude Journal for Kids（Modern Kid Press著）"や"Happy Mindset Little Journal（Claudia Liem 著）"のような子ども向けの市販日記もあります。**ストレスマネジメントやセルフマネジメントなどで活用されるマインドフルネスの考えを子ども用に展開したようなワークブックもたくさんあるので、自分のことについて深く考えられそうな年齢になったら、取り入れるとよいでしょう。**

✖ 常にpersonal statementを意識させよう

"Make a personal statement." これは私がアメリカで教育を受けたときに何度も聞いた言葉です。意味は「自分だけのメッセージを伝えましょう」。この練習も日本の学校教育ではあまり行われていません。例えば、先生方に向けた小学校卒業時のメッセージを見ても、「今まで学んだことを胸にがんばります」といった、誰でも言えることばかりが並んでいます。メッセージ一覧に定型文しかないようなことがよくあります。**定型文では自分の思いや考えを発信しているとは言えません。**自分だけの体験やそこから学んだことを加えないと、自分だからこそ書けるメッセージにはなりません。

このような「私にしか言えないこと」を伝える練習はいろいろな場面でできます。どうやって**自分だけの特色を出せるかを考える場面は寄せ書きをするときや、お手紙を書くときなど比較的多く遭遇**します。日本語の作文や日本語でのメッセージを書くときにも、このことを意識させましょう。

お誕生日メッセージを書くのであれば、「お誕生日おめでとう。これからも遊ぼうね」は誰でも言えることであり、その言葉は別のお友達にも贈ることができてしまいます。このようなものはpersonal（自分だけのもの）ではないということを我が子に伝えましょう。「お誕生日おめでとう。私は○○ちゃんが描く○○の絵が大好き！　また描いてね」と書けば、その子に対するpersonalなものになります。

相手のことを考え、相手と自分だけのエピソードにフォーカスを当てるといった癖を小学校のうちに身につけると、将来の人間関係づくりもしやすくなるでしょう。

なお、**将来アメリカの有名大学への留学を検討しているご家庭は、**

personal statementが書ける力の育成をする必要があります。有名大学では入学希望者の成績はどんぐりの背比べです。書面上見た目が変わらない点数や成績と異なり、personal statementは一人ひとりの個性を表すものなので、その内容を見て、入学審査官はどの人に大学に来てほしいかを決めます。自分にどのような強みがあり、ほかの学生と共有することで**大学のコミュニティにどのように貢献できるかを自分ならではのエピソードで伝えなくてはいけません。**

✖ カードゲームを使って家族と気持ちを言語化しよう

　学校教育で発信力を鍛える練習が日本であまり行われていないのに加えて、日本ではあまり自分の考えや思いを伝える練習をする機会がないのが現状です。

　家庭で取り入れられる活動に、カードゲームがあります。**アメリカでは会話トピックを扱ったカードがたくさんあります。家族の中で考えを言語化して、相手への心証に配慮しながら自分の意見を人に伝えることを日常的に練習しています。**そのような活動を経験していないと、すぐに自分の思いを伝えることができないので、ぜひご家庭でも取り組んでみてください。

　カードはいろいろな会社が発売しており、私の手元にはTalking Point Cards（Family）, Sharing Time（Kids）, Our Moments（Kids）があります。シリーズものなので、適切なシリーズを選ぶ必要があります。できるだけ低年齢用のシンプルなものを活用するとよいでしょう。

　Kids用といえども、日頃から気持ちや考えを言葉にしていない日本人にはなかなか難しいです。まずは日本語でカードのトピックについて意見を述べる練習をしてみるといいでしょう。小学校高学年くらいからの取り組みでもあまり盛り上がらないかもしれませ

家族向け、子ども向けなど
さまざまな種類があるトピックカード

ん。前述した自由作文の練習用のトピックとして活用するなど工夫
してみてください。

人前で話すことを経験する

✘ ゲームを通して「建設的な批判」に慣れさせよう

　日本の学校では、先生の講義を聴くだけの昔ながらの形式ではな
く、ペアワークやグループワークなどの協働的な学習が行われるこ
とが増えてきました。互いに助け合いながら共に学ぶ経験をする子
どもたちが増え、お互いの考えを認め合って作業を進められる人が
多くなった印象を受けています。

　しかし、日本の子どもたちはcritical feedback（建設的なフィー
ドバック）が苦手のようです。これは社会人の研修時にもそう感じ
ます。相手と意見が違うとき、相手を肯定しつつも自分の意見がよ

りよいかもしれないと伝えることを練習する場が少ないのです。否定をされることに慣れていないと言い換えられます。

　音声SNSアプリのClubhouseでは、誰かが主催する部屋に入って話していることを聞いたり、一緒に会話したりすることができます。私はこのアプリを気に入っていますが、アメリカ人の部屋と日本人の部屋では雰囲気がかなり異なります。

　もちろんどのような議論をしている部屋かにもよりますが、日本人は誰かが発言したあとに話を振られると、共感や同意の発言をする人が多いように感じます。反対にアメリカ人の部屋は「言い争い」に聞こえるほど激しい意見のぶつかり合いを耳にすることがよくあります。意見のぶつかり合いは知的な活動であり、精神的にストレスを感じるべきものではありません。この価値観は和を尊重する日本の教育とは異なるでしょう。

　だからこそ、**我が子が英語を使って将来グローバルに活躍する姿を想像するなら、このようなストレス耐性を持たせてあげる必要があります。多様化した社会にはさまざまな考えを持つ人がいて、意見が衝突してもそれは個人的な攻撃ではないと理解できるような素地が必要です。**

　英語では、"I'm going to play the devil's advocate." という表現がよく出てきます。"devil's advocate" は、議論の妥当性を試すためにあえて反論をする人です。一見全員の意見が合致していそうなタイミングで、相手の意見に批判的であることを伝えるときの枕詞になっています。この枕詞が大切。

　"I agree with most of what you're saying, but I also think..." と、相手の意見と一致することが多いことを伝えつつも相反する意見がある箇所を指摘したり、"What you're saying is all true, but I believe...”と、相手に賛同してから自分の意見を伝えます。このような活動をp.184で紹介したカードゲームを使いながら行うといいでしょう。相手を認める一言に加え、「私はこう思うので」と相手とは違うポイントを説明するフレームワークで話すことが大切です。

　アメリカでは教育の一環としてさまざまなコミュニケーション方法を教えており、その1つが、心証を悪くさせずに相手の意見を否定する手法です。同時に、**否定されても“it's not personal（個人的な攻撃ではない）”ということも教えています。**コミュニケーション力が高くなければ、いくらたくさんの英単語と文法知識を知っていても、相手には何も伝わりません。

　英語を適切にコミュニケーションツールとして使えるように、**自分の思いを伝え、そして否定されたら相手に新しい視点を与えてくれたことに感謝して、考えと気持ちを再度伝えることに慣れる必要があります。**そのために小学生のうちからできることを家庭でやっておきましょう。

✹ プレゼンテーション機会をつくろう

　発信力というのは1対1でも役立ちますが、1対多数を動かすときにより評価されます。たくさんの人から共感され、より多くの人を動かすことがリーダーシップへとつながります。そのため、**たくさんの人の前で話す練習も必要です。大人数の前で発信できる度胸と技量を育てるためには、プレゼンテーション機会をつくることが役立ちます。**

　アメリカの学校では、日々プレゼンテーションを行います。幼稚園の“Show and Tell”から始まり、さまざまな授業で調べて学んだことと、それについての考察を述べます。“Show and Tell”は

自分が好きなものなどを自宅から持って行き、学校でその好きなものについて話をする体験です。

　私が高校生のときにはWindows 95が出てきてインターネットを使いこなし始めたばかりでしたが、オンラインの投資シミュレーションプログラムを活用し、生徒全員が1,000ドルを投資するプロジェクトがありました。この際、投資結果は成績に反映されず、**なぜ特定の銘柄を選ぶべきかといったプレゼンテーションを行い、その内容のみが成績に反映されました**。まるで証券会社の営業担当者のようなプレゼンテーションでした。

✖ 大人数の前での発表が苦手なら動画から

　日頃からこのようなプレゼンテーション練習の機会が学校教育で用意されていたような人たちに、将来引けを取らずに対等に発信していくためには、それなりの訓練が必要です。

　大人数の前で話すのが苦手な場合は、**まずは動画で自分を撮影することから始めるといいでしょう。自分の好きなものを見せながら、"Show and Tell" をしてみてはいかがでしょうか**。"This is my favorite stuffed animal. I got this when I was 3 years old. My grandparents gave it to me. I like it because...（これは私が大好きなぬいぐるみです。3歳のときにもらいました。おじいちゃんとおばあちゃんがくれました。好きな理由は……）" のように語り、動画を親戚などに送ってみるのです。見てもらえる人がいれば、やる気も出るでしょう。実際には誰もいない場での発表ですので、一番ハードルが低いです。

　英検3級のライティング問題では、好きなことや日頃の生活習慣などに関する身近な質問しか出題されないので、この動画撮影用の質問として活用するのも有益です。基本的な練習方法は、**一度つくっ**

た話の型を使い回して、繰り返し練習することです。「私は○○が好きです。なぜなら〜。例えばこの間こんなことがありました」という話の流れを一度つくったら、同じ型で別の好きなものについて話すようにサポートしてあげるとよいでしょう。

　動画撮影をするときには表情にも気をつけましょう。好きなことについて話しているのに怒った表情ではいけません。緊張しているときに笑顔をつくるのは難しいですが、顔の表情と伝えている内容を一致させる練習にも動画撮影が適しています。YouTubeで「Show and Tell」と検索すると、世界の子どもたちが投稿したものが見られます。中には大きくジェスチャーをつけている子もいるので、参考にしてください。

✖ スピーチコンテストの参加で自信をつける

　多くの人の前で話せる度胸がついたら、スピーチコンテストへの参加を検討してみてはいかがでしょうか。英語で伝える楽しさや難しさを感じれば、引き続き学ぶモチベーションも上がるはずです。所属する英語教室が開催するものが参加しやすいでしょうが、誰でも参加できるものに挑戦するのも楽しいです。

　例えば、キッザニア東京では「ENGLISHコンテスト」を開催しています。また、娘たちも参加経験のある全国ジュニア英語スピーチコンテスト（一般財団法人日本ラーニング・ラボラトリー教育センター主催）や、ちびっ子イングリッシュコンテスト（株式会社京都放送主催）もあります。なかなか次のステージに進めないかもしれませんが、楽しく取り組むものの1つとして活用し、モチベーションアップに役立ててください。もちろんp.133で紹介したような、ライティングを通して発信する活動も有益です。

日本語でも実践練習の場が多ければ多いほど、人前で話すことには慣れます。例えば、学校で発表する機会を得るようにしましょう。クラス代表や学年代表となる機会を自らがつくり出せるように応援してみてはいかがでしょうか。これから私立小学校の受験を検討しているお子さんをお持ちのご家庭であれば、発表機会が多い学校を選択するのもいいでしょう。我が家も、小学校選びの際に意見を持つのに役立つ「調べ学習」や発表機会の多さを重視しました。

この章のまとめ

幼児期〜

・自ら発信したい好きなものを見つける
・「英語×得意なもの」を見つける

小学校〜

・自由作文に取り組む
・Personal statement を意識する
・カードゲームで気持ちを言語化する
・カードゲームで批判的意見に慣れさせる
・プレゼンテーションの機会をつくる

PART 3

目指せ英検合格!

Part3では、英検5 ～ 2級の各級の
傾向と対策を具体的に見ていきます。
英検はあくまで成果確認のために
使うことをお勧めしていますが、
英検を持っているに越したことはありません。
しっかり対策して、合格を目指しましょう!

第12章 英検の仕組みを知っておこう

日頃から自宅でさまざまな英語への取り組みを続けていると、その成果を確認したくなるでしょう。成果確認には英検を活用することをお勧めします。少しずつステップアップができ、のちのち資格として活用できる日が来るかもしれないからです。**しかし成果確認をあまりに早い時期に保護者主体で無理強いしてはいけません。**

タイミングが本人の思いと全く合っていなかったために、子どもが英語嫌いになってしまうことが多いです。無理な背伸びをさせすぎることで、子どもは「英語が苦手」といったマイナスイメージを持ってしまいます。**英検に取り組む適切なタイミングは、「あとちょっとで合格に届きそうなとき」**です。試験の特性を理解し、我が子に適したタイミングを見極めましょう。

英検の各級の違いを知っておこう

✄ 英検Jr.から始めるべき？

日本英語検定協会が運営する「英検」と呼ばれる試験は2つあります。英検Jr.と実用英語技能検定です。一般的に「英検」と言うと実用英語技能検定を指します。それぞれにグレードと級があります。各テストのレベル感はp.196の図12-1で確認してください。英検Jr.はその名のとおり児童と園児向けの試験で、日本の小学校の英語授業で出る内容を主に扱っています。また、読み書きの力がまだ身についていない子どもが受験できるように、リスニングのみの技能試験です。

私は英検を指標にする意義を「**4技能をバランスよく育成すること**」と考えているため、英検Jr.の受験は**不要だと考えています**。読むことができるようになってから実用英語検定の5級または4級からスタートするのが適切だと思います。5級と4級はリーディングとリスニングの2技能のみで合否が決まります。ライティングができるようになるまで待って、4技能の力を測る3級からスタートしてもいいでしょう。5級と4級の受験は試験慣れや試験を受ける習慣化のために役立ちますが、中学校入試に特に役立つのは3級以上です。

英検Jr.の3つのグレード：BRONZE, SILVER, GOLD
実用英語技能検定の7つの級：5級、4級、3級、準2級、2級、準1級、1級

　では、英検5級から1級までの主な構成の違いについて確認しましょう。

✖ 身近なもので構成される英検5級と4級

　5級と4級は「身近なもの」に関する内容で構成されており、出題される単語も似ています。学校生活や家庭内で見聞きすること、買い物に出かけたら経験することなどで構成されています。学校生活を送ったことがないと、クラブ活動とはどんなものなのかがわからないかもしれません。それでも野球やサッカーなどのスポーツクラブや、理科クラブといった教科に連動する話題であることが多いので、**小学校に入学したばかりの子どもでも場面を想像して解くことができます**。

5級に長文（お知らせ、Eメール、記事）が加わったのが4級です。日頃から本を読んでいる子であれば、読解問題は「短い」と感じるくらいの長さなので、問題なく読めます。そのため5級と4級を同じ年に合格できる子が多いです。**5級を飛ばして4級からスタートしてもいいでしょう。5級と4級は1次試験のみで合否が決まるのが特徴です。ライティングとスピーキングはありませんので、読んでわかる、聞いてわかる、といった状態で受験できます。**

✖ ライティングとスピーキングが加わる英検3級

　3級から4技能試験になります。このあと述べるように英検には従来型とS-CBTがあります。S-CBTであれば4技能の試験を同日に受けますが、**従来型であれば1次試験（リーディング、ライティング、リスニング）に合格してから2次試験（スピーキング）の対策をすれば間に合います。**

　文部科学省は、「実用英語技能検定（英検）は、学習指導要領の内容に基づき作成されている（中学校卒業程度：英検3級程度、高校卒業程度：英検2級程度)」[1]と述べており、動詞の時制などの基本的な文法項目も含めて理解できていることが3級合格者に求められます。しかし、今の英検形式では文法問題は大問1にある数問のみなので、文法教育に力を入れる必要はありません。

　本が読めてテレビやDVDの英語が聞けるなら、基本的な文法知識は体感的に十分身についています。ライティングもスピーキングも、自分のことが述べられたら大丈夫です。**英語環境を整えているご家庭では、ほとんどのお子さんが3級の合格まではスムーズに進みます。**

✖ 思考力が必要になる準2級

　準2級から多くの子どもたちが「難しい」と言いだします。これは英語レベルが上がることも影響しますが、テスト内容が高校生向けに変わることに起因します。3級までは出てこなかった教育やテクノロジー、環境問題などを題材とした内容など、抽象的なことが増えてきます。書かれていることが想像できるかどうかが合否に影響するため、第10章で記載したように思考力が大切なのです。**ライティングとスピーキングでは意見を求められるので、思考力と英語力の両方が必要になります。**また、長文を使った問題には読解問題だけではなく、前後の情報を理解したうえで適切な単語やフレーズを選択する穴埋め問題もあります。**ストーリーを把握して自分が作者なら何を空所に入れるかといった、いわゆる国語力も問われるようになります。**

✖ 流暢さが重視される2級

　2級は準2級によく似ています。より語彙力が試されるようになり、リスニング問題はナチュラルスピードに近くなります。リーディングでは読む量が増え、読解問題では文中で使われている単語と選択肢で使われている単語が類義語になっていることが増えます。語彙力を上げ、スピードを重視して「流暢に」読む、書く、聞く、話すということに日頃から取り組めば、情報処理力も上がり合格できるでしょう。

✖ ロジカルさが問われる準1級と1級

　準1級と1級になると語彙力が求められるのはもちろんのこと、論理的で整理された書き方や話し方が求められるようになります。2級まではライティングでもスピーキングでも自分の意見を支える

ための文を2つ程度言えば十分だったのが、**準1級と1級では自分の考えを掘り下げて伝えます。1つの理由につき1パラグラフ書くくらいの論理的な展開が必要となります。**また、1級の二次試験では面接官から自分が述べたことに関する内容を質問されるので、考

級	レベル	技能	出題目安
5級	中学初級程度	📖 🔊 🎤	家族、趣味やスポーツなど身近な話題が出題される。主に短文の情報。読解問題はない。
4級	中学中級程度	📖 🔊 🎤	5級同様、身近なトピックが題材となる。読解問題が加わる。
3級	中学卒業程度	📖 ✏️ 🔊 🎤	海外や日本文化に関することのうち、身近な内容が題材になる。1次試験にライティングが加わり、2次試験でスピーキングテストが加わる。
準2級	高校中級程度	📖 ✏️ 🔊 🎤	教育や科学などを題材とした内容など、抽象的な内容も題材に加わる。長文を読んで話の展開に合う単語を選択する穴埋め問題が加わる。
2級	高校卒業程度	📖 ✏️ 🔊 🎤	医療やテクノロジーなど社会性のある内容や働き方改革などの時事問題を意識した英文も出題される。
準1級	大学中級程度	📖 ✏️ 🔊 🎤	エッセイ形式の実践的な英作文の問題が出題される。仕事や海外の高等教育機関で学ぶのに必要な英語力を示す。リスニングで聞く量も増える。
1級	大学上級程度	📖 ✏️ 🔊 🎤	1次試験では英会話教室に通うだけでは出会わないような単語が増える。2次試験では即席2分間のスピーチを行い、その内容への試験官からの質問に答えることで相手に伝える発信力と対応力を示す。

参考：https://www.eiken.or.jp/eiken/exam/about/

図12-1 英検5〜1級の主な違い

えながら話していくことに慣れている必要があります。いずれは我が子にそのレベルに到達してほしいと考える保護者も多いでしょう。英検は上位の何パーセントが合格するという制度ではありませんし、今は合格者の割合が公開されていません。以前は1級は概ね10%の合格率と言われていました。狭き門ではありますが、私も娘たちに高校生くらいで1級に合格できるだけの英語力と思考力と発信力をつけていてほしいと願っています。

受験方式の違い

✖ 冊子を見ながら回答する従来型

今ではパソコンで受験する英検があるため、**昔ながらの問題冊子を見ながら受験する英検は「従来型」と呼ばれています。**保護者のみなさんはこのタイプの試験を中学校や高校で受けたことがあるのではないでしょうか。従来型の試験は年に3回行われています。**年度により多少の違いはありますが、毎年ほぼ同じ時期に行われます。6月、10月、1月の1週目が本会場での1次試験受験日となること**が多いです。**団体受験（準会場受験）と個人受験（本会場）**があり、団体型は所属する学校や塾で受験できるものです。申し込みは学校や塾で行い、試験日も個人受験の日と異なることが多いです。従来型は一次試験と二次試験に分かれています。1次試験（リーディング、ライティング、リスニング）合格者のみが2次試験を受けることができます。

通っている学校や教室で英検が団体受験できない限り、本会場での個人受験になるでしょう。**個人受験はウェブサイトから直接英検協会に対して申し込みます。**希望する試験回の申し込みに遅れないように、英検協会のウェブサイトで日程や申し込み方法を確認しま

しょう。

　なお、学校や英語教室での準受験は普段慣れている環境なので緊張しにくく、テスト慣れしていない年少者には非常にメリットがあります。また、団体受験は受験費用が本試験より安いのも保護者にとっては嬉しい点です。お住まいの地域での英検状況を調べてみて、どのような選択肢があるか確認してみるとよいでしょう。

✖ コンピューターで解答するS-CBT

　2021年よりリニューアルしたS-CBTを受験する選択肢もあります。Cはコンピューターの C で、テストセンターに行きパソコンで受ける英検のことを指します。首都圏にテストセンターがあり、**多くの試験日程と時間から選べるのが最大のメリットです**。毎日朝昼晩と3回英検を運営しているテストセンターも。問題がパソコン画面に表示され、画面をクリックしながら受験します。ライティングは解答用紙を使って手書きで提出するか、パソコンに直接打ち込むかを選択できます。**スピーキングを含めて4技能の試験をすべて同日に受けますので、1次試験と2次試験という概念がありません。**

　ただ、ある程度パソコンを使い慣れている必要があります。指示どおりに操作して受験番号を自分で打ち込み、画面の指示に従いマウスを使って4択問題の答えを選ばなくてはなりません。また、**試験会場に保護者は入れないので、受付も子ども自身で行う必要があります**。

　理論的にはパソコン操作能力がさほどなくても英語力を証明できるはずなのですが、年少者にはパソコン受験をお勧めできません。**テストセンターの雰囲気が子どもに向いていないため、実力を発揮できない子もいると思われるからです。画面は漢字だらけで、会場は例**

えば50人くらいがずらりと並んでパソコンに向かっているイメージ
です。一人ひとりに対するサポートはなく、自分で画面を読み進めな
がら設定を行います。もちろん手を挙げて質問することができます
が、試験官の方が対応可能なことは限られています。

年少者が受験する際の注意点は？

　従来型の本会場試験で受験する場合、保護者は試験当日に「保護
者シール」をもらって身につければ会場入りできます。一緒に部屋
まで行き、お手洗いに付き添い、マークシートに受験者情報を記入
することが許されています。試験開始直前までは部屋にいることが
できます。試験開始からはお子さん1人でがんばらなくてはいけな
いので、泣かずにバイバイができる年齢にならないと受験は難しい
でしょう。試験時間だけ1人で過ごせればいいので、本会場では未
就学児の英検受験も増えてきている印象ですが、**お子さんの精神的
な発達度合いを見て受験させるかを判断しましょう。**反対に団体受
験の場合は、保護者は会場に入れないことがあるので、受験先に問
い合わせましょう。

✖ 事前にマークシート記入の練習をしよう

　1人ですべて対応する必要がある場合は**英検のウェブサイトにあ
るマークシートサンプルをダウンロードして、書く練習をしておき
ましょう。**マークシートの氏名、住所、受験番号、和暦の生年月日、
3級以上の受験ならば二次試験の希望受験地を自分で書かなくては
いけません。これは結構ハードルが高いです。私は子どもの付き添
いで10回ほど英検会場に行っていますが、保護者が一緒に部屋に
来ておらず、書き方がわからずに白紙のままの子どもを見かけたこ

とが何度もあります。その都度受験票を見ながら「これをここに書き写して」とおせっかいにも口出しをしてきました。

　マークシートを白紙で出したら当然不合格です。このように初めての英検受験は、英語とは関係ない「試験を受ける」ことに関するさまざまなハードルがあります。英検協会の「英検 for kids！」[2]のサイトを確認すると、どのような準備をして当日を迎えるべきかや当日の流れがわかります。受験することを決めたら、当日の流れを何度も親子で確認することをお勧めします。

✺ S-CBTテストの注意点

　従来型の英検は年少者の受験を想定したウェブサイトもつくっており、私が今まで行った都内の会場では「小学生以下の部屋」というような割り振りになっていました。しかし、**S-CBTは幼児や小学生が来ることは想定されていないようで、ウェブサイトに年少者向けの情報はありません**。新しいもの好きの次女が3年生のときにS-CBTを受けさせてみたところ、「パソコン版の英検では困ったことが結構あった」とのこと。5歳のときからアメリカのサマーキャンプに1週間宿泊し、6歳のときには1人で国内線に乗って祖父母の家に行ったような、年齢にしてはしっかりした子なのにです。

　まず、**受付で担当者の話を一度で理解できなかった**そうです。「筆記用具と用紙を持って、ここに書いてある番号のパソコンに座ってください。ロッカーは〜」などの一通りの説明を聞き、「これを読んでください」と書類を渡されたようですが、ルビが振ってありません。日本の小学校に行っている3年生でも読めない漢字がそれなりにあって困ったそうです。オロオロしていたら、最終的にはスタッフの方が助けてくれたとのこと。それだけで、不安になりやすい子はもう試験を受ける気がなくなってしまうかもしれません。

試験が始まり、次女はキーボードでIDとパスワードを自分で入力するのは問題がなかったけれど長文読解の線を引く機能がうまく使いこなせなかったとのこと。紙の試験で長文に線を引きながら、質問の解答を探すトレーニングをしているのですが、その線がうまく引けなかったと言うのです。**パソコン上にマーカー機能はありますが、子どもがそれを使いこなすには練習が必要です。**S-CBTを受験する場合は紙の過去問のみならず、パソコン版の英検専用の教材を活用して練習したほうがいいでしょう。

　保護者視点のS-CBTのデメリットは、問題用紙を持ち帰れないので、何を間違ったかがいっさいわからないことです。**従来型では問題冊子を持ち帰れて翌日に解答速報が出ます。しかし、S-CBTでは弱点強化や今後の対策ができず、「次につなげる振り返り」ができません。**

　このようにデメリットもあるパソコン版の英検ですが、字が汚い子にはS-CBTがお勧めです。減点されるリスクが減ります。評価官は大量のライティング評価をしているので、暗号を解読するような作業に時間をたっぷりかけてはくれません。**字の汚さで減点を受けてしまいそうな場合は、タイピング練習（→p.105）をして、S-CBTで受験することを検討するとよいでしょう。**1人で試験会場に入り、身の回りのことをすべて自分でできる必要があることを踏まえると、S-CBTが選択肢に入ってくるのは小学校高学年くらいと考えるといいと思います。

　最後に、**私からのアドバイスは従来型であれS-CBTであれ、「お子さんとわかりやすい待ち合わせ場所を決めてください」**です。何度か試験会場で迷子になって泣いているお子さんを見かけたことがあります。実は私もわかりにくい待ち合わせ場所を指定して子ども

	従来型	S-CBT
メリット	・通い慣れた学校や教室での団体受験が可能な場合がある。 ・保護者が試験開始直前まで会場にいられる（団体受験は不可能の場合も）。 ・問題用紙を持ち帰れるので振り返りが可能。	・試験の日程や時間の選択肢が多い。 ・1日で4技能のテストが終わる。 ・字が汚いという原因で減点されることがない。
デメリット	・字が汚くて読めないと減点されるリスクがある。 ・3級以上の受験のためには2日間予定をあける必要がある。	・保護者が会場に入れないため子どもは戸惑う場合もある。 ・子どもはパソコン操作の練習が必要。 ・問題用紙を持って帰れないので振り返りが不可能。

図12-2 従来型／S-CBTのメリットとデメリット

を迷子にしてしまうという失敗をしたことがあります。次女は大きな大学のキャンパスで迷子になり、15分遅れでやっと待ち合わせ場所まで戻ってきました。そう簡単に不安にならない彼女は「探検してきた！」と笑顔で帰ってきましたが、親子共々不安にならないように気をつけましょう。

いつ何級に合格するようにゴール設定する？

「いつ何級に合格するように計画したらいいのでしょうか？」という相談を頻繁に受けます。たくさんのご家庭が英語子育てに取り組んでいて、今や小学1年生が2級に合格し、小学3年生が準1級に合格しても取材依頼など来なくなった時代です。そのような熱心なご家庭があるのは事実ですが、**時間のない我が家の方針は、「効率よ**

く、無理しすぎず」です。そのため、英検の受験スケジュールも比較的ゆったり組んでいました。私の教室に通っている生徒さんも共働き世帯のお子さんが多く、おうちでの時間は少ないので、「**無理しすぎないスケジュール**」が学習継続の秘訣です。私が紹介するのは、「少しずつコツコツやっていて合格できるスケジュール」だとお考えください。

✖ スケジュールの組み方

　スケジュールの組み方に大きく影響するのが、いつから英語学習をスタートしたかと、中学校受験準備に時間をかけるつもりでいるかどうかです。**中学校受験をする場合は5年生から塾通いがかなり本格的になり、英語にかけられる時間が圧倒的に減ります。その前に2級を取得するのが理想的です。**

　幼少期から英語に取り組んできた場合、3年生で準2級に受かることを最初の目標にするといいでしょう。このような英語習熟度の子は全国にそれなりの数がいて、あまり無理のない目標と言えます。そして、受験勉強の追い込みに入る前の5年生までに2級に合格しましょう。

　小学校に入ってから英語学習をスタートし、かつそんなにビシバシ家庭内でやっていない場合、学校に入る前の5年間の英語時間の貯金がないので、現実的なゴールは小学生のうちに準2級に合格することでしょう。中学校受験準備に時間をかける場合は5年生から時間がとれなくなるので、**5年生までに準2級に到達できなかった場合、結果として英検3級止まりになることが多々あります。**

　英検3級だと優遇がある学校でもそんなに大きな加点にはならないかもしれませんが、お子さんに自信をつけテスト勉強慣れさせるためにも英検の受験はお勧めします。「3級なんてどうせ中学校に

入ったら全員受けるし、受けても無駄なのでは？」という声も聞き
ますが、英検に取り組むことで得られる精神的な習熟度と思考力の
発達という付加価値もあります。特に中学校受験をするお子さんは
受験慣れの必要があるので、たとえ3級止まりとなってしまったと
しても、英検への取り組みは無駄にならないと思います。

✖ 合格目標は「読み書き」を参考に決めよう

　英検の現実的な合格目標を設定するときに役立つチェックポイン
トは、「小学校入学時に英語の読み書きが年齢相応にできているか
どうか」です。年齢相応というのは、ネイティブと同じようにフォ
ニックスの基礎がわかり、サイトワーズが読めているかを意味しま
す。小学校入学時にこれらができていれば、コツコツ英語を続けて
スキルアップしていけば詰め込み学習をしたりせず、英検2級の合
格を目指すことが可能です。まだお子さんが未就学児の場合は、今
から英語の読み書きのための基礎をやっていくことで、小学生のう
ちにあまり無理せず英検2級まで合格する確率をかなり上げること
ができます。

　図12-3、12-4は無理なく進められる目安です。英検対策専門の教
室に行き、英検に専門的に取り組むような生活をすれば、これより
早く合格することもできます。

　中には毎回英検を受けさせる英検塾もあります。合格している級
の試験も受け直しをさせて基礎固めをしていきます。これは英検問
題形式に徹底的に慣れる教育方針の塾であり、私と思想は異なりま
す。私はあくまでも英検受験は日頃の英語への取り組みがあってこ
そだと考えています。英検を主な学習コンテンツと考えるのか、ま
たはたまに活用するコンテンツと考えるのか、保護者が方針を決め
ましょう。

中学受験	5級	4級	3級	準2級	2級	ポイント
○	小1	小1	小2	小3	小5	準2級頃に訪れがちなイヤイヤ期が来ても立ち止まれないので、しっかり英検対策をしながら合格へ！
×	小1	小1	小2	小4	小6	準2級頃に訪れがちなイヤイヤ期が来たら英検の勉強はペースダウンし、日々の多読や多聴の英語学習を重視していれば英検合格も可能。

図12-3　小学校入学時に英語の読み書きができている子の英検合格計画

中学受験	5級	4級	3級	準2級	2級	ポイント
○	小2	小2	小3	小5	–	中学校受験に本格的に取り組む前に多少の加点がある3級までで英検のための学習をやめるか、準2級を目指すかを判断。目標地点に到達したら、そのあとは受験勉強に集中！
×	小2	小2	小3	小5	小6	高学年になってから準2級と2級に取り組む場合が多い。頻出トピックについて考える力はついているはず。高学年になって英語学習時間がしっかり取れれば、2級合格も可能。

図12-4　小学校入学時に英語の読み書きができていない子の英検合格計画

　英検をたまに活用するコンテンツと捉える場合でも、教室に行かずに小学生のうちに準1級に合格する目標を立てることも可能です。家庭で英語に費やす時間をたっぷりつくって、多読用の本を社会的な内容も含まれるものに変えることで、英検にも出るトピック

に触れることができます。日本英語検定協会は受験者の年齢について公開していないので、あくまでも経験談ですが、準1級の受験会場でそれなりの数の小学生を見かけます。**英検を主な学習コンテンツとしなくても、英検2級はちょっとした努力で小学生のうちに合格可能、準1級はかなりの努力をすれば小学生のうちに合格可能と考えています。**

採点方法の変更で子どもが有利に！

　英検の採点方法に、英語学習で日頃何をさせるかの重要なヒントがあります。昔は純粋に正答数が英検の合否を決めていました。しかし2016年度から合否の判断基準が変わっています。かつてはライティングができていない受験者でも合格できるような仕組みでしたが、現在ではライティングが0点では、たとえリーディングとリスニングが満点でも合格しない仕組みになりました。

　一次試験の比重は準2級以上でライティング＞リスニング＞リーディングです。今は正解した問題をもとにCSEスコアというスコアに換算されて、それが合否を決めます。受験者の応答パターンを用いて、形式や難易度が異なるテストの結果を比較する「項目反応理論（IRT）」をもとに産出しているとのこと。係数がかけられるので、「〇問解ければ必ず合格する」とも言えなくなりました。日本英語検定協会のウェブサイト上の図で確認すると、2015年度までと比べるとライティングの比率がかなり広がっていることがわかります。それだけライティング力が重要視されるようになったということです。その一方でリーディングの部分は縮んでいます。

　実は、これは小さい子どもたちにとっては朗報です。準2級と2級を受ける子は、語彙力を測る大問1で苦しむことが多いので、

2015年度以前は単語の暗記を徹底的に行う必要がありました。しかし、今はライティングの比重が大きいので、自分の使いこなせる範囲の単語で論理的に書ければよいわけです。また、**ライティングでいい点数を取る必要があるので、アウトプット活動に焦点を当てた学習活動が増え、「英語を使う」ことを日頃の取り組みで意識できます。**

　ライティングの次に重きが置かれているのがリスニングなので、日頃から英語をたくさん家庭内で聞かせていればかなり有利です。英検合格者の低年齢化が進んでいるのは、この英検の合否判定の変化によるところも大きいように思います。家庭内での英語環境が整っている小学生が、次々と高校生レベルの英検に合格しています。

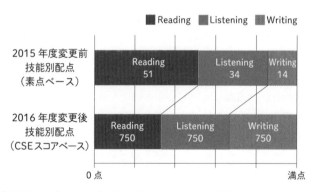

出典：https://www.eiken.or.jp/eiken/exam/eiken-cse_admission.html

図12-5　変更前後で大きく変わった準1級の配点

1　https://www.mext.go.jp/b_menu/shingi/chousa/shotou/082/shiryo/attach/1301731.htm
2　https://www.eiken.or.jp/eiken/eikenkids/

第
13
章

英検に向けたトレーニング

　すでに我が子には受験級に合格する力があると思っていても、英検に申し込んだら多少英検用の練習をしておくと安心です。日本英語検定協会のウェブサイトにある過去問3回分を解いて、問題形式に慣れておきましょう。このあと記載するとおり、各級で少しずつ形式が変わります。**過去問3回を解いてみて、リスニングで7割、リーディングで6割が取れていなかったら英検特訓をしたほうがいいでしょう。**

　合格点に足りそうにない場合、英検用に特化した教材として準備したいのは、印刷した過去問各3セットと単語本、そして追加練習用の英検書籍です。過去問はすべての文を覚えてしまうまで、同じ試験を3回以上やり直すようにしましょう。英検の筆記試験には似た問題が出るので、過去3回の内容をすべて覚えられたら、本番で10問くらいは「似た問題をやった」と思うはずです。

　リーディングとライティングに関してはいろいろなテストテクニックがあり、本書でもいくつかご紹介しますが、**リスニングについては音に慣れるように練習するよりほかありません。いくら単語帳を見て単語とスペルを覚えても、英語を聞くことに慣れていないと、音が聞こえたと同時には内容を理解できません。**瞬時に聞こえてくる情報をイメージ化していく力がついていないといけないので、テレビやDVD、そして過去問のリスニング問題をかけ続けてください（→p.112）。もちろん過去問を何度も聞いて出題パターンを覚えることもできますが、日頃の取り組みが最も反映されます。

級別出題内容と合格のための
ワンポイントアドバイス

✖ 基本を押さえておけばOKな5級

> 主な場面：家庭、学校、地域（各種店舗・公共施設を含む）、
> 電話など
> 話題：家族、友達、学校、趣味、旅行、買い物、スポーツ、映
> 画、音楽、食事、天気、道案内、自己紹介、休日の予定、近況
> 報告など
> ※スピーキング試験は家からパソコンで任意受験。合否に関係
> なし。

技能	パート	内容	問題数
📖 （25分）	大問1	文脈に合う適切な語句を補う。最後の数問のみ文法知識が必要。	15問 （4択）
	大問2	会話文の空所に適切な文や語句を補う。会話の流れを理解する力が必要。	5問 （4択）
	大問3	日本語文を読み、その意味に合うように与えられた語句を並べ替える。	5問 （4択）
🔊 （約20分）	第1部	会話の最後の発話に対する応答として最も適切なものを補う。補助イラスト付き、放送回数は2回。	10問 （3択）
	第2部	会話の内容に関する質問に答える。放送回数は2回。	5問 （4択）
	第3部	短文を聞いて、イラストの動作や状況を表すものを選ぶ。放送回数は2回。	10問 （3択）

ワンポイントアドバイス

　5級は基本的なことばかりなので、問題文がすべて理解できているか確認しながら練習しましょう。大問3はパズルのような問題ですが、解くのに時間がかかりますし、実生活において「単語を並べ替える」という場面はありません（人生の中で「この日本語を並べ替えてみて？」と言われたことはありませんよね？）。大問3のトレーニングに時間をかけずに、「すべて（2）を選ぶ」というように答え方を決めて、あえて解かないことを選ぶのも1つの手です。

✘ 4級では問題が理解できるかがカギ

> 主な場面：家庭、学校、地域（各種店舗・公共施設を含む）、電話、アナウンスなど
> 話題：家族、友達、学校、趣味、旅行、買い物、スポーツ、映画、音楽、食事、天気、道案内、自己紹介、休日の予定、近況報告、海外の文化など

技能	パート	内容	問題数
📖 (35分)	大問1	文脈に合う適切な語句を補う。最後の数問のみ文法知識が必要。	15問 (4択)
	大問2	会話文の空所に適切な文や語句を補う。会話の流れを理解する力が必要。	5問 (4択)
	大問3	日本語文を読み、その意味に合うように与えられた語句を並べ替える。	5問 (4択)
	大問4	読解問題。お知らせに関する問題2問、Eメールに関する問題3問、記事に関する問題が5問出る。	10問 (4択)

🔊(約30分)	第1部	会話の最後の発話に対する応答として最も適切なものを補う。補助イラスト付き、放送回数は2回。	10問(3択)
	第2部	会話の内容に関する質問に答える。放送回数は2回。	10問(4択)
	第3部	まとまった発話(案内文、説明文)に関する質問に答える。放送回数は2回。	10問(4択)

※スピーキング試験は家からパソコンで任意受験。合否に関係なし。

💡 ワンポイントアドバイス

　5級同様の考え方で、大問3を除いて、すべての問題の意味がわかるようになるまで繰り返し過去問や模試などで練習しましょう。リスニング力が今後につながるので、リスニングは30問中22問以上を安定して取れるようにする必要があります。長文読解も出てくるので、長文読解対策（→p.223）で示す「言葉探し」の方法に慣れるように練習しましょう。

✖ 対策すべき点が増える3級

主な場面：家庭、学校、地域（各種店舗・公共施設を含む）、電話、アナウンスなど
話題：家族、友達、学校、趣味、旅行、買い物、スポーツ、映画、音楽、食事、天気、道案内、自己紹介、休日の予定、近況報告、海外の文化、人物紹介、歴史など

技能	パート	内容	問題数
📖 + ✏️ （50分）	大問1	文脈に合う適切な語句を補う。最後の数問のみ文法知識が必要。	15問 （4択）
	大問2	会話文の空所に適切な文や語句を補う。会話の流れを理解する力が必要。	5問 （4択）
	大問3	読解問題。お知らせに関する問題2問、Eメールに関する問題3問、記事に関する問題が5問出る。	10問 （4択）
	ライティング	質問に対する回答を英文で書く。自分のことに関する質問。	1問 （記述）
🔊 （約25分）	第1部	会話の最後の発話に対する応答として最も適切なものを補う。放送回数は1回。	10問 （3択）
	第2部	会話の内容に関する質問に答える。放送回数は2回。	10問 （4択）
	第3部	まとまった発話（案内文、説明文）に関する質問に答える。放送回数は2回。	10問 （4択）
🎤 （5分）	音読	パッセージを音読する。	1問
	読解問題	音読したパッセージに関する質問に答える。	1問
	イラスト	イラストに関する質問に答える。	1問
	イラスト	イラストに関する質問に答える。	1問
	自由回答	WhatやWhereから始まる自分に関する質問に答える。	1問
	Yes/No Q	質問にYes/Noで答えてからその理由を伝える。	1問

💡 ワンポイントアドバイス

　3級対策では初めてのライティングに力を入れましょう。まず、質問にまっすぐに答えないといけません。特に小さいうちは「自分

が書きたいことを書く！」といった思考回路になっていることが多いのですが、質問に答えていることを明確にするためにも、質問内の単語を活用して書き始めるように練習する必要があります。例えば、"Where would you like to go this winter?" という質問であれば、"I would like to go to Hokkaido this winter because I want to ski." のように "would like to go to" と "this winter" を流用します。スペルミスをしないためにも、「よく見て間違えないように書き写す」という練習が大切です。

　3級を受験するまでにどれだけ英語時間をつくれるかで、戦略が大きく異なります。英語の学習時間が長い子は、リスニングはよくできるはずですが、3級受験時の年齢は低い傾向にあります。お子さんが生まれてすぐに英語環境をしっかり整えていれば、小学1年生のときに3級を受験することもあるでしょう。

　そのときに気をつけたいのが長文読解です。そもそも人生において長文読解というものに取り組んだことがないので、何をしていいかわからない子がかなりいます。長文が読めて理解できていたとしても、読解問題自体を「文章内で書かれていることから答える」「自分の想像をつけ加えてはいけない」ということがわかっていないと、想像力を働かせて話を広げてしまうちびっ子がいます。小さい子を持つ保護者は、この長文読解タスクをお子さんに説明する必要があります。

　小学生になってから英語を始めたようなお子さんは、年齢的にはやるべきことがわかっていても、リスニング力が弱い傾向にあります。小さい頃から英語をやっていた子が2、3問間違える程度なのに対して、10問くらい間違えてしまう子が多いです。リスニングは早いうちに徹底的に強化しないと、準2級と2級で足を引っ張られます。5問以上リスニングで間違えてしまう場合、リスニング時

間を大幅に増やしてください。

✘ 難易度が上がる準2級

> 主な場面：家庭、学校、職場、地域（各種店舗・公共施設を含む）、電話、アナウンスなど
> 話題：学校、趣味、旅行、買い物、スポーツ、映画、音楽、食事、天気、道案内、海外の文化、人物紹介、歴史、教育、科学、自然・環境など

技能	パート	内容	問題数
📖 + ✏️ (75分)	大問1	文脈に合う適切な語句を補う。最後の数問のみ文法知識が必要。	20問 (4択)
	大問2	会話文の空所に適切な文や語句を補う。会話の流れを理解する力が必要。	5問 (4択)
	大問3	パッセージの空所に文脈に合う適切な語句を補う。前後の文脈を理解して解く問題。	5問 (4択)
	大問4	読解問題。Eメールに関する問題3問、記事に関する問題が4問出る。	7問 (4択)
	ライティング	質問に対する回答を英文で書く。自分のことではなく、一般的にどう考えるべきかの意見陳述。	1問 (記述)
🔊 (約25分)	第1部	会話の最後の発話に対する応答として最も適切なものを補う。放送回数は1回。	10問 (3択)
	第2部	会話の内容に関する質問に答える。放送回数は1回。	10問 (4択)
	第3部	まとまった発話（案内文、説明文）に関する質問に答える。放送回数は1回。	10問 (4択)

🎤 (6分)	音読	パッセージを音読する。	1問
	読解問題	音読したパッセージに関する質問に答える。	1問
	イラストA	人々の動作を現在進行形で述べる。	1問
	イラストB	イラストの状況説明をする。	1問
	自由回答	意見と理由を述べる。	1問
	Yes/No Q	質問にYes/Noで答えてからその理由を伝える。	1問

💡 ワンポイントアドバイス

　準2級合格が、今後も英語をがんばれそうかの目安になる1つの分かれ目です。準2級で感じる難しさを越えていく子たちは、その後の英語学習もスムーズに進みます。私が生徒たちに伝えている準2級の合格スコアの目安は次のとおりです。

📖	✏️	🎤
22/37（15問間違い）	11/16（5点減点）	22/30（8問間違い）

　リスニングのほうがリーディングよりも配点が高いので、リスニングが苦手であれば、リスニング1問につき、リーディングで2問取るようにがんばるよう伝えると、たいがい「リスニングをがんばることにする」という結論になります。3級でリスニングに余裕がある状態をつくっておかないと準2級で非常に苦労します。「もう英語は嫌だ」となってしまわないためにも、早い段階からリスニングを重視しておきましょう。

　なお、リスニングはあまりしてこなかったものの徹底的に多読をしてきた子どもたちは、リーディングで25点以上取れるので、多少リスニングが弱くても問題ありません。我が子がどちらのタイプ

かを早めに見極めて合格戦略を立てるといいでしょう。

　準2級からライティングは意見陳述になります。自分のことではなく、一般論について語るので、絵日記とは違う構造の書き物をしなくてはいけません。リーディングが得意な子もリスニングが得意な子も、まずは「小論文を書く型」を守ることに慣れなくてはいけません。

　また、書く内容を考え出すのが一番大変なことです。この支援を保護者がしばらくの間行う必要があります。「なぜ制服を着ることが有益なのか」「なぜ学校は子どもたちにIT教育をすべきなのか」など、「なぜ」の答えとなる理由を2つ思いつくように親子でトレーニングをしてください。

✖ 社会への理解が必要になる2級

> 主な場面：家庭、学校、職場、地域（各種店舗・公共施設を含む）、電話、アナウンスなど
> 話題：学校、仕事、趣味、旅行、買い物、スポーツ、映画、音楽、食事、天気、道案内、海外の文化、歴史、教育、科学、自然・環境、医療、テクノロジー、ビジネスなど

技能	パート	内容	問題数
📖 + ✏️ (85分)	大問1	文脈に合う適切な語句を補う。最後の数問のみ文法知識が必要。	20問 (4択)
	大問2	パッセージの空所に文脈に合う適切な語句を補う。前後の文脈を理解して解く問題。discourse markers（→p.222）も出題される。	6問 (4択)
	大問3	読解問題。Eメールに関する問題3問、記事に関する問題が9問出る。	12問 (4択)
	ライティング	質問に対する回答を英文で書く。自分のことではなく、一般的にどう考えるべきかの意見陳述。	1問 (記述)
🔊 (約25分)	第1部	会話の内容に関する質問に答える。放送回数は1回。	15問 (4択)
	第2部	まとまった発話（案内文、説明文）に関する質問に答える。放送回数は1回。	15問 (4択)
🎤 (7分)	音読	パッセージを音読する。	1問
	読解問題	音読したパッセージに関する質問に答える。	1問
	イラスト	3コマ漫画のストーリー展開を述べる。	1問
	自由回答	時事問題や人々が述べていることについてどう思うかを述べる。	1問
	Yes/No Q	時事問題や人々が述べていることについて同意するかどうかを述べてからその理由を伝える。	1問

💡 ワンポイントアドバイス

　準2級に合格したら、2級も同じように学習を続けるだけです。より長い文を読み、より多くの情報を聞いて瞬時に理解し、そして準2級と同じように意見陳述ができれば合格です。試験の枠組みは

準2級と比べても大きくは変わらないので、私が生徒たちに伝えている2級の合格スコアの目安は次のとおりです。英検準2級と変わりありません。リーディングが1問多いのですが、その1問は間違えても合格レベルです。

📖	✏️	🎤
22/38（16問間違い）	11/16（5点減点）	22/30（8問間違い）

　準2級から2級に上がると、トピックが変化します。準2級からも出題されるものもありますが、仕事、科学、自然・環境、医療、テクノロジー、ビジネスなど、小学生が学校生活で見聞きする世界とは異なるトピックがたくさん出てきます。そういった意味で、どれだけ世の中の仕組みを知っているかということが合否に影響するようになってきます。

　ビジネスといっても、商談のような会話が出てくるのではなく「求人の応募者が少なくて困っているから、会議をして話し合いたい」といった内容なので「求人広告というものがある」「働くためには応募しないといけない」といったことが理解できていればわかる会話も多くあります。このような話を意図的に家庭内でしたり、ニュース番組を見ながら環境問題への取り組みについて感想を述べたり、といった日頃の知識の蓄積が役立ちます。

　2級レベルになってきたら、英語が苦手な保護者は我が子の知識の蓄積と思考力のトレーニングに徹して、英語のサポートは外注するといいでしょう。ライティングは添削サービスを活用し、スピーキングは面接対策をしてくれる教室を見つけましょう。

第 14 章

問題タイプ別の英検対策

ここからは、英検の問題タイプ別に対策法を見ていきます。

リーディング対策

✖ 語彙問題対策

> 出題：5級、4級、3級、準2級、2級

　どの級であっても、「知らない単語が多すぎて合格できそうにない」という保護者の声をよく聞きます。小さい頃から英語を学習している子なら、ピリピリしないで大丈夫です。「なんとなくわかる」というように雰囲気で捉えている単語がたくさんあるので、単語の和訳がわかるかどうかではなく文全体を見て正解を判断する能力があれば十分です。また、大問1は半分程度しかできなくてもリスニングとライティングに強い子は一次試験に合格するので、単語の詰め込みはほどほどにしましょう。

　単語学習は、『でる順パス単』が出る順になっている点と無料音源がある点で優れていると思います。しかし、和訳が難しいので、子どもが1人で学ぶには適していません。保護者が工夫をして単語を覚えるサポートをするといいでしょう。

　例えば知らない単語を1日5個ずつ覚えることにして、覚えた単語探しゲームに週末に取り組んではいかがでしょうか。娘たちが小さい頃はこの単語探しゲームが大好きでした。図14-1のサンプルは、英検3級レベルの単語を20単語使っています。このくらいの文字数

があれば、一瞬で終わってしまわず、考える時間がかかるのでちょうどよいです。作成する側の工夫ポイントは、難しくしすぎないために、空枠にあまり使われていないv, x, zの文字を使って埋めることです。反対に難しくしたい場合は、よく使われる子音＋母音の組み合わせを加えていくといいです。解いたあとは単語の意味を言わせたり、単語を使った文をつくらせたりしましょう。

Word Box

invite	science	culture	traditional	foreign	dictionary
several	build	practice	medicine	machine	popular
local	natural	healthy	guide	waste	either
usual	poor				

d	v	s	e	v	e	r	a	l	h
k	w	a	s	t	e	g	w	q	c
p	x	f	o	r	e	i	g	n	b
l	k	z	n	a	t	u	r	a	l
b	u	i	l	d	u	s	u	a	l
d	o	g	u	i	d	e	a	x	d
i	n	v	i	t	e	t	n	v	m
c	i	s	c	i	e	n	c	e	t
t	r	y	p	o	p	u	l	a	r
i	e	l	o	n	i	r	p	v	f
o	r	q	o	a	q	k	r	c	o
n	p	f	r	l	o	c	a	l	n
a	e	i	t	h	e	r	c	i	m
r	p	s	h	e	a	l	t	h	y
y	i	m	e	d	i	c	i	n	e
c	u	l	t	u	r	e	c	x	g
k	m	a	c	h	i	n	e	t	s

図14-1　簡単につくれる単語探しゲーム

　子どもたちは成長していくにつれ、単純な暗記作業も少しずつ得意になっていくので、その年齢になったら、英検の過去問の大問1を徹底的に音読することをお勧めします。文で学ぶことが用法を覚えるうえで重要なので、一番いい学習は文で覚えることなのです。そのため、日頃の多読が重要であることを第3章でお伝えしました。

✖ 会話文読解対策

出題：5級、4級、3級、準2級

　5級から準2級までで出題される、会話を読んで適切な発言を選択する問題は、全問正解したいところです。語彙レベルは高くないし、英語の動画などを日頃見ていればコミュニケーションの流れは理解しているはずなので、リーディング問題の中で一番簡単に感じ

るべき箇所です。読み上げてあげたらわかるけれど自力で解くと間違うという状態なら、読む力が足りません。読むことに抵抗がなくなるように、辛くないレベルの本を見つけてたくさん読むようにしましょう。

英検の問題を活用した学習と並行して「そんなに苦労できずに楽しめること」をしないと英語に対するネガティブな印象が植えつけられます。会話文読解問題でつまずいてしまうのであれば、無理せず1歩下がって、もう少し時間が経ってから英検に取り組むことをお勧めします。

✖ 単語並べ替え問題

出題：5級、4級

実生活において「単語を並べ替える」という場面がないことから、この問題形式を解けるようにする力を育てることに力を入れる必要はないと私は思っています。この問題形式で試されるのは文法力。3級以上ではライティング問題で文法力を見られるので、その代わりに5級と4級でこの問題形式があると考えるといいでしょう。いずれ書く練習をするタイミングで必要な文法力は身につきます。以上のことから、私の教室では単語並べ替え問題のトレーニングはしていません。

大人向けのVersantというスピーキングテストではこの形式の問題がかなりあり、問題数が多いことから対策レッスンでアクティビティを行っています。文を

単語入れ替えを練習できるSight Words
Tabletop Pocket Chart

大きめに書いて、名詞句や動詞句で物理的に紙を切り刻んで、単語を入れ替えるという非常にシンプルな活動です。教員向けに品詞によって色分けされたキットがあるので、授業でたまに使っています。パズル感覚で単語並べ替え問題に取り組みたい場合は、ぜひ参考にしてください。

✘ 長文穴埋め問題

出題：準2級、2級

　準2級から登場するこの問題形式が、リーディングパートで一番難しいでしょう。全体の流れを理解したうえで、適切な表現やdiscourse marker（談話標識）を選択します。空所の前後で書かれていることと矛盾しないように、ロジックをもとに解答を選択します。

　論理的な書き方やアカデミックな読み物の構成に関する知識は長年かけて習得していくものです。小学生の場合、このパートが苦手でも、長文読解のほうで満点が取れれば問題ありません。**長文読解はできるのに長文穴埋めはできない、といったアンバランスさがある子が多いのは使う力が異なるからです。長文読解は読解力だけで解けるのに対して、長文穴埋めは読解力、論理的思考、英語的な書き方の知識を総合的に使って解きます。**まずは、長文読解で満点に近い点が取れるようになってから、長文穴埋めに取り組むのがいいでしょう。

　練習方法は、まずは空所の前後を読み、特にdiscourse markersに注目します。日本の英語教育ではdiscourse markersと呼ばずに、接続詞や副詞など品詞で呼ばれていますが、discourse markersとは文中で話の方向性を示す単語や表現です。markerはその名のとおり「標識」なので、標識を見逃すと流れがわからなくなります。

英検で頻出なのはbut, so, howeverですが、以下の表現は多読時に内容を正しく理解するうえでも知っておく必要があります。

　・並列（それに）

and, additionally, moreover, besides, furthermore

　・逆説（だが）

but, however, although, though, nevertheless

　・結果（だから）

so, therefore, thus, as a result, accordingly, consequently

　・対比（〜の一方で）

whereas, while, on other hand, on the contrary

　・理由（〜なので）

because, since, as

　・条件

if（〜の場合）, when（〜のとき）, unless（〜でない限り）, otherwise（さもなければ〜）, even if（たとえ〜だったとしても）, once（ひとたび〜すれば）

✘ 長文読解対策

出題：4級、3級、準2級、2級

　試験の読解でやるべきことは、普段の内容を楽しむときの読解とは大きく異なります。**スキミング**や**スキャニング**といったテクニックを使って読む練習をしましょう。スキミングは日本の英語教育であまり指導されていないようですが、英検に登場する記事のような典型的な書き方の文章においては、非常に効果的な速読法です。**英語の文章構成の特性を生かして文章を斜め読み**します。英語の長文

は概ね、下記のような構成で書かれています。

記事の構造

introduction paragraph：何に関する内容かの説明
↓
body（複数のパラグラフ）：詳細情報
↓
concluding paragraph：何に関して述べたかのまとめ

パラグラフ内の構造

topic sentence：そのパラグラフの主題を述べた文
↓
supporting sentences：主題の詳細が複数文
↓
concluding sentence：主題に関するまとめの文

　文章全体の主要な論点は最初と最後のパラグラフにまとめてあり、また、各パラグラフ内の情報も最初の文と最後の文にまとめてあることが多いため、**スキミングはこの構造に着目し、各段落の始めと終わりをしっかり読み、ほかのところは読み飛ばします。これだけで、どの段落に何が書かれているのか、大意がつかめます。「何についての記事ですか」という問題にも答えられます。**また、複雑そうな内容のパラグラフであれば、最初と最後の文に加えて、First, Second, や However, On the other hand, または Similarly, などのdiscourse markerに丸をつけておけば、話の展開を理解するのに役立ちます。

スキャニングは、必要な情報を探してその周辺を拾い読みする手法です。先に問題文を読み、本文で必要な情報を探します。これはいわゆるテスト問題の解き方です。英検でも、問題文にあるキーワードをもとに、具体的な情報を探して問題に答えます。まずは質問文を読み、その中にある単語を本文で探しましょう。そして、その文を見て解答の選択肢に同じような単語がないか確認します。ない場合は文の前後にまで目を向けると答えが見つかります。生徒たちには根拠を示すために本文に線を引かせています。discourse markerの近くに解答があることも多いです。小さいお子さんであれば「単語探しゲーム」といった感覚で取り組ませるといいでしょう。

　準2級と2級は表現の言い換えが増えます。特に下記の図のようにincreasingとdecreasingへの言い換えは頻出なので、データについての話を理解できるように思考力の面でサポートするといいでしょう。

　図14-2の問題は、discourse markerであるalthoughが出てくる

Opera for Everyone

Opera is a traditional performance that started in Italy in the 16th century and became popular around the world. These classical music performances are now held in theaters known as opera houses. Although going to the opera is usually expensive, recently audiences have been growing in size. This fact, of course, makes opera houses and their performers happy. According to current research, however, these growing audiences also hide a big potential problem—the average age of audiences is high.

The average age at the State Opera in Berlin in Germany, for example, is now 54, while that at the Metropolitan Opera in New York City is 58. In Houston in the United States, the largest age group going to the opera is between 65 and 72 years old. This means that, although opera companies are enjoying a good income now, they are worried about their audiences getting much smaller in the future.

(30) What is one way opera has been changing in recent years?
  1 The cost of performances has decreased more and more quickly.
  2 It has finally become popular in many countries across Europe.
  3 There has been an increase in the number of people who visit opera houses.
  4 Opera houses research to learn what makes audiences happy.

図14-2　2020年第1回英検の試験問題（2級3B）より

文。audience = people、grow in size = increase in the number だ
とわかれば解ける問題です。

ライティング対策

　一次試験に合格するためにはライティングはとても重要なので、
従来型の試験を受ける生徒たちには最初に取り組むように伝えてい
ます。前から順に解いて、万が一ライティングで時間切れとなって
しまっては、100%不合格になるスコア制度になっています。マー
クシートの箇所が終わっていなかったら、急いで全部Aを塗れば
いいわけですが、ライティングではそのように瞬時に埋めることは
できません。そのため、従来型を受験する場合はまずはライティン
グから取り組むのが安全策です。残念ながら、S-CBTでは先にラ
イティングに取り組むことができませんので、時間管理をするト
レーニングも必要になります。

　3級のライティングは自分のことを伝えるだけなので、絵日記な
どを書いているお子さんは苦労なく書けます。注意すべき点は、自
分の意見を支えるために2つの理由を提示することです。

3級のライティング例

問題：海と山、どちらが好きですか？
解答：海が好き！　私は泳ぐのが好きだから海が好き。私は友達
とビーチボールで遊ぶのも好きだから、海が好き。

　準2級と2級については、2つの理由をそれぞれ掘り下げる必要

があります。この書き方の手法をアメリカの小学校ではお菓子になぞらえて「オレオ」と呼んでいます。OREOはopinion（意見）, reason（理由）, example（例）, opinion（意見）の略です。英検では文字数の都合上、2セットのreasonとexampleを書きますが、TOEFLなどでは5段落のエッセイを書くので、3つのセットのreasonとexampleをつくって書きます。

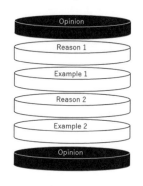

クリームはたっぷりあったほうがおいしい！
ExampleとReasonのセットで、クリームをたくさん増やしましょう。

(例) Do you like to eat at a restaurant?

Opinion:　Yes, I like to eat at a restaurant…
Reason 1:　… because I can eat different food at a restaurant.
Example 1:　For example, I can eat Indian curry at a restaurant, but my mom can only cook Japanese curry.
Reason 2:　Also, my mom is happy when we go to a restaurant.
Example 2:　For example, she is always happy because she does not have to wash the dishes.

図14-3　「オレオ」の形で文章を組み立てる

保護者が英語が得意でなければ、ライティング添削は外注しましょう。しかし、その前段階として理由が成立しているかを確認し、**ロジックが破綻していないかを確認してあげるといいでしょう**。この活動は日本語で行って問題ありません。

　自習用のライティングのトピック選定には、過去問や対策本を活用してください。多少の表現を覚える必要があるお子さんもいますが、基本的には今持ち合わせている英語力を駆使して整理して書けば、それなりの点数が取れる子がほとんどです。いい点数が取れないのは英語力の問題ではなく、アイディアが出てこないことがほとんどなので、第10章で紹介した思考力の特訓にご家族で取り組みましょう。

リスニング対策

✄ 適切な応答を選択する問題

> 出題：5級、4級、3級、準2級
> ※5級と4級は補助のイラスト付き

　問題文の会話に続く応答を選択する問題です。不正解は話の流れ上、明らかに不自然な会話です。会話内容がわかっていれば、簡単に解ける問題なので、全問正解を目指したいところです。日頃英語の動画を見ていれば、自然に解ける問題ばかりです。

　もしなかなか解けないようなら、**どのような部分で会話の流れがわからなくなってしまうのかを確認し、単語が聞き取れないのであれば、単語を音で流して覚える練習をしましょう**。単語の音を聞くには旺文社のアプリ「英語の友」がお勧めです。なんとなく流れがわかっていれば解けるので、適切な応答を選択することはリスニン

グパートの中で一番簡単です。もしこのパートから苦戦していれば、まだその級に挑戦する力が十分についていないのかもしれません。

✖ 会話理解

出題：5級、4級、3級、準2級、2級

英会話を聞いて、会話内容に答える問題形式です。どの級にもある問題で、ひねった解答が必要なわけでもないので、日頃から英語を聞き慣れていれば難しいことはありません。しかし、会話が理解できていても肝心な質問文を聞いていないお子さんが見受けられます。これはテストを受ける姿勢に関わることです。**冒頭の単語（5W1H）を聞き逃さないように集中して聞くことが大切**ですので、自宅での練習では、問題文はより一層集中して聞くように伝えましょう。

✖ 絵の描写

出題：5級

絵に合う内容を選択する問題は5級のみにあります。英検Jr.ではどの級にもこのような問題があるので、英検Jr.の延長線上に5級があることがわかります。出てくる単語と表現についてはほかの問題形式と大きく異なる点はありませんが、前置詞の意味を理解しているかを試されることがあります。on the table, under the table, by the tableなど、**ものの位置が正確にわかっているかを確認するといいでしょう**。

幼児は母語であっても"The ball is under the table."と聞いてテーブルの方向を見ればいいと認識しているだけのことがありま

す。テーブルの「下」とまで認識していないことがあるので「なんとなく聞き」ではなく、静聴をする訓練に英検を活用するといいでしょう。

✖ スピーチ理解

出題：4級、3級、準2級、2級

1つのまとまった内容を聞き、理解できているかを確認する問題です。4級と3級は難なくこなす子が多いのですが、準2級、2級になると「難しい」と言いだす子が増えてきます。スピーチ内容が長くなり、内容もより社会性のあるものが取り上げられますので、日頃サイエンスや歴史などに関する動画を見たり、報道を見たりしていないと難易度が高いように感じるようです。

まとまった発話を聞き取ることが難しい場合は、**1文ずつリピートができるかと、書き出してディクテーションができるかで、分解したらどれだけ理解できるかを確認しましょう。1文ずつなら対応できるようであれば、苦戦している理由は2つに絞られます。**まず、速さに対応できない可能性があります。その場合は、数をこなして耳を鍛えていくよりほかありません。

次に、テストの最後にあるため、集中力不足になっている可能性があります。集中力はある程度年齢が高くならないと2時間以上もたないことがあるので、我が子に適した受験タイミングなのか、再検討する必要があるかもしれません。小手先の対策ができてしまうリーディングと比べると、リスニングは日頃から鍛えておかないと詰め込みはできません。第6章でご紹介したいろいろな取り組みに挑戦して、長続きしそうなものを選んで続けてください。

英語環境づくり
事例紹介

　日本国内で英語教育に力を入れる方法はいろいろあります。各家庭に合った方法でないと長続きしません。これまで言語習得理論をもとに考えた我が家での英語づくりと英検の活用についてお伝えしてきましたが、最後に4つの家族のそれぞれの選択をご紹介します。すべての英語教育を家庭内で完結してきた「100％家庭学習型」、うまく外部の英語教室を活用してきた「家庭＋外部サービスの併用型」、インターナショナルスクールを選択した「学校生活を100％英語型」、そして英語と日本語の両方で学ぶ学校を選択した「イマージョン教育型」の4つのご家庭に、それぞれの英語学習について語ってもらいました。

　日本でバイリンガルを育てるのにおいて重要なのは、十分な英語学習時間を確保することです。方針を決める第一歩は、その時間を家庭でつくるか学校でつくるかを検討すること。近所にインターナショナルスクールがなかったり、経済的に難しかったりすることから、家庭内で英語教育を行うことを選択せざるを得ない場合もあるでしょう。またはなんとかインターナショナルスクールに行かせるように共働きでがんばるという判断をすることもできるかもしれません。ここで紹介するご家庭のそれぞれの環境づくりを参考に、我が家・我が子に合った方法を検討してください。

Family 1
共働き世帯の「100%家庭学習型」

お子さんのお名前	まりちゃん
📋 **英検合格実績**	小3で英検4級を初受験。無理ないペースで小4で3級、小5で準2級、小6で2級に合格。
🏫 **学校**	公立小学校→塾なしで英語入試のある私立中学校を受験。

　我が家は父親がアメリカの大学と大学院を卒業し、母親がアメリカにMBA留学をしています。自分たちが大学生活を海外で送るのに苦労したため、娘には海外に行ったらすぐに楽しめるような土台づくりをしておいてあげたいと考えました。

✄ 留学を見据えた小中学校選び

　そのため、**生まれる前から英語教育を意識し、大学を海外で過ごせるくらいの知識もスキルもつくように逆算して子育てをしてきました**。娘には英語で考えることができるようになってほしいというのが私たちの思いです。

　また、母親は中学1年生のときにホームステイをし、ホストファミリーとは今でも交流しています。海の向こうに親戚がいるような感覚で人生が豊かになりました。子どもに豊かな人生を歩んでほしいので、英語はそのためのツールです。

✖ これまでの英語学習

基礎力

基本的なことはBrain Quest Workbookを使って習得。

本

まずはフォニックスを学びながら親子で読書。4、5歳頃に"Fancy Nancy"シリーズを読み始め、語彙が増加。

自分で読めるようになったらグレーデッド・リーダーのLevel 1, チャプターブック※, "Emily Windsnap"シリーズを。ノンフィクションはTIME for Kidsの"Big Book of..."シリーズ。内容がおもしろくて英語が平易なので、英語「で」学ぶ経験が可能に。

映像

リスニングはディズニーの映像から入り、フォニックス動画も活用。小さい頃はいろいろな映像を見せることを8年くらい継続。"Doc McStuffins"(『ドックはおもちゃドクター』)や"Curious George"(『おさるのジョージ』)などを繰り返し見て、セリフを覚えてしまうほどに。

"Dora the Explorer"(「ドーラといっしょに大冒険」)や"Tinker Bell"(「ティンカー・ベル」)も大好きに。アニメを楽しむ時期を過ぎたら、"Liv and Maddie"(「うわさのツインズ リブとマディ」)や"Full House"(「フルハウス」)のようなドラマを見るように。なんとなく推測してわかる程度でも、楽しめる感覚が身についたのが大事であり、成長の証しでもある。

国際交流体験

将来海外に出ていけるように、英語をアウトプットする実体験の場を用意することを大切に。海外旅行で英語を使う機会をつくったり、サマーキャンプに参加させたり。

小学6年生のとき、ホームステイプログラムに1人で参加。日本人は1人だけの環境で、2週間親元を離れ、知らない人と生活したことが貴重な体験に。

※チャプターブック：小学校1〜3年生くらい向けの薄い本。各章も短くて、たくさん読むことに慣れていなくても休み休み読み進められるような構成になっている。

　日本の高齢化を考えると日本の社会だけで経済が回ると思えません。アジアの周りの国々も発展していて、今の子どもたちはボーダー

レスに動ける力をつける必要があります。だからこそ留学を見据え、世界に出ることを実現するために英語が必要だと考えています。

　日本の小学校を選択したのは、基礎学力は日本語で身につけてほしいと思ったからです。また予算配分と学校への通いやすさが現実的な問題として出てくるので、公立小学校に通い、100％自宅型学習で英語に取り組みました。アイデンティティ形成の時期は日本国内で過ごしてから、多様性を広げるために留学に送り出そうと思いました。

　中学受験は、得意な英語を活用して受験できるところを探しました。英語受験を調べていくと、英検による加点のみの中学校や英語の試験を受けられる学校など、いろいろな受験形式があるのですが、英語だけで受験できる学校は少ないです。塾に行かせなかった理由は、塾生活は向き不向きがあると思ったことに加えて、英語受験対応の塾が見つからなかったからです。個別指導塾なら対応してくれると思いますが、受験に詳しい先生ではなくて学生が教えるところが多いようです。

　中学校は、その先の高校と大学を見据えてどうするかを考えました。**留学をさせたいので、中学校に入ってからABCから始めるような学校では困ります。**英語環境が整っていて、英語上級者向けのコースがあることが必須でした。それに加えて学校資料の英文をよく読みました。英語教育をしていると言いながらも、資料の英語がまともではないと感じた学校はそれなりにありました。原因はわかりませんが、そのような学校は安心できないと思いました。

✖ 親が教えるのではなく、一緒に学ぶ

　母親は「先生という立場になれるほどの英語力はないから、一緒に学ぼう」というスタンスでずっと子どもと一緒に英語に取り組ん

でいます。先生は「子どもに教えて評価する人」だと思いますが、我が家が目指していたのはコミュニケーション力の育成です。両親が英語を使う場面を見せることで、英語がコミュニケーションツールとしてどう役立つかを示すことを意識してきました。

娘が中学校に入ってから、親子3人で英検準1級の受験準備をしました。夕食後に3人で問題に取り組み、みんなで受験しに行ったのもいい思い出です。子どもと一緒に学ぶ姿勢が、我が家の英語子育ての秘訣だと思います。家庭内で英語学習ができると思ったからそうしたというのが実情で、無理をしたわけではありません。

英検は小さな成功体験として毎年受けていましたが、英語教育の中ではあくまでも補助的な役割でした。英語を読む、書く、話すという、日本の学校に通っているとなかなか得られない学習機会を得るために受験する、という捉え方でした。**英検を通して読解力や社会知識がつき、スピーキングやライティングでは自分で考えて意見を述べる力が求められるため、人生のさまざまな場面で役立つはずです。**海外の大学に入るならTOEFLは避けて通れず、英検2級のライティングがその基礎になります。

2次試験はスピーキングの力試しの場であり、1人で海外でホームステイをするきっかけになっているかもしれません。6年生の夏休みにカナダでホームステイをして、英語を使うことや、異文化への興味が強くなっているようです。中学校でも、引き続き、「コミュニケーションのための英語」を意識して学んでいます。

✖ 迷ったときには「大切なことは何か?」を考えてみる

英語教育にはいろいろな方法があり、教材も多く、何がいいのかわからなくなるかもしれません。そんなときは、**どんな子どもに育ってほしいのか? 何を大切に成長してほしいのか? 海外で視野を**

広げることはどれだけ大切だろうか？　という点を考えてみてはいかがでしょうか。そうすると、時間、予算、必要なステップを家庭内で話し合う機会が生まれ、何に取り組むべきかが明確になると思います。海外に出ていくイメージがあるなら、そこまでの助走期間だと考えていくといいと思います。英語「で」何ができるようになるかに焦点を当てるといいでしょう。

　習い事として英語を学ぶと、スケジュール調整が必要で、ほかの習い事との時間の奪い合いが起こるかもしれません。我が家では家庭内で英語をやってきたので、英語学習のデメリットを感じたこともありません。幸い、娘が英語嫌いになった時期もありません。各ご家庭に合う方法で進められるのがポイントだと思います。

インタビューを終えて

　このご家族と出会ったのはお嬢さんが小学校6年生になった頃。家庭内でやってきたことは我が家と非常に似ていますが、声がけが我が家では「やりなさい」であったのに対して「一緒にやろう」であったことが大きな違いです。100％自宅学習、すばらしいです！家族全員が楽しみながら英語に取り組むのは理想的ですよね。

　学校教育についての考え方もぜひご参考に。自宅で行いにくい部分を学校に託すという観点から考えると、英語教育に力を入れる学校に行けば、英語で多くの人と話す機会が増えるという面があります。また、費用配分も現実問題として大切です。海外の大学に行くならそのタイミングでコストがかかるので、子育て前半で費用を抑えるのはいい戦略ですね。

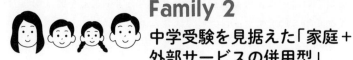

Family 2
中学受験を見据えた「家庭＋外部サービスの併用型」

お子さんのお名前	そうくん（2010年生まれ）	りっちゃん（2013年生まれ）
英検合格実績	小1で英検4級・3級、小2で準2級・2級取得。中学受験のため英語の勉強はひと休み。	年長で英検4級、小1での受験はコロナ禍で断念し、小2で3級合格。小2で準2級、2級も受験予定。
学校	公立幼稚園（日本語のみ）→公立小学校（日本語のみ）→私立中学受験予定。	公立こども園（日本語のみ）→公立小学校（日本語のみ）→私立中学受験予定。
英語教室	英語でサイエンス、ソーシャルスタディズを学べる教室へ。2歳〜就学前は週1回1時間、小1〜2は週1回1時間半。英語でレゴやロボットについて学べる教室に小3で週1回1時間半。オンライン英語教室を小4〜現在まで週1回1時間。	英語でサイエンス、ソーシャルスタディズを学べる教室に、2歳〜就学前は週2回1時間ずつ。小学校に入ってからは週2回1時間半ずつ。

　両親とも英語のスキル不足のため、仕事のチャンスを逃してきました。子どもたちには英語ができたうえで将来を考えてほしいと考え、バイリンガルに育てることは生まれる前から決めていました。

　資金面も考えて、私立は中学からと決めて公立小学校を選びましたが、しっかりした英語教室にお世話になっていたため、英語力を伸ばすことに対する不安はありませんでした。2人とも中学受験を

予定しているので、英語教室での英語は小学3年生で一度区切るのが我が家の方針です。

　早いうちに基礎力をつければ、子どもたちの関心と知識はさらに広がります。今は英語「で」情報を得ることを楽しんでおり、そうくんはNASAのチャンネルがお気に入り。動物好きのりっちゃんは、野生動物や保護動物の動画を見ています。**今、世界で起きていることを好奇心のままに知れるのはすばらしいと思います。**最近では、NASAの火星探査機が無事に着陸した様子を子どもたちとライブで見ました。そうやってリアルタイムで出来事を一緒に共感できるのは嬉しいです！

✖ 教室では、英語「で」学ぶ

　2人ともバイリンガル教育に定評のある先生の教室に通いました。英語でサイエンス、ソーシャルスタディーズ（社会科・生活科）を学ぶことに力を入れている教室です。2人をきちんとバイリンガルに育ててもらいました。

　そうくんは、ロボットやプログラミングに興味を持っています。英語でコーディングするプログラミング言語には、違和感なく取り組めていると思います。プログラミングのために購入した洋書が、時間が経ってから日本語に翻訳され発売されているのを見ると、英語で早く情報にアクセスできるのがバイリンガルの強みだと感じています。

　レゴやロボットについて英語で勉強できる教室では、日本語を話せない先生に習っていました。意思疎通に不自由はなく、専門の知識がある先生から基礎を学び、知りたいことを好きなだけ質問し、ときにジョークを言い、ときにお説教されながら、実り多い1年を

✖ これまでの英語学習

リスニング

英語のDVDを毎日1時間視聴。サイエンス、ソーシャルスタディズ、美術、歌・ダンス、などいろいろな分野のコンテンツを揃え、語彙が広がるように。
現在はアプリや動画を活用。アプリはBrainPopがお気に入り。

スピーキング

乳児期は語りかけ教材を参考に、英語と日本語を混ぜないよう気をつけながら英語で語りかけをし、スクールに入る前には2歳児なりの英語を話せるように。入ってからは欲張らずに先生にすべてお任せし、「家庭でやってもらいたい」と言われたことを必ずやるだけ。
現在はきょうだいで英語で話すことも多く、兄が妹のスピーキング力を上げるのに一役買っている。

リーディング

Raz-Kidsという教材に欠かさず取り組んでいる。とてもよかったのが、Usborne Books。はじめは短文を抵抗なく受け入れられるように気をつけ、長文を読んでいくにあたり、"Oxford Reading Tree"のグレーデッド・リーダーから始め、"Magic Tree House"(『マジック・ツリーハウス』)シリーズ、"A to Z Mysteries"シリーズ、ロアルド・ダールの作品など朗読音源があるものを中心に。
音源はすべて揃えているわけではなく、読み物のレベルを上げる際に数冊使用する程度。難しくなると途中で飽きたり挫折したりしがちだが、音源があれば朗読に引っ張られ最後まで読み切れる。
そうくんは現在、"Ender's Game"(『エンダーのゲーム』)、"Harry Potter"(『ハリー・ポッター』)、"The Land of Stories"(『ザ・ランド・オブ・ストーリーズ』)などが好き。
りっちゃんはディズニーや動物のお話が好き。特にディズニーの"Read-Along Storybook and CD"シリーズを気に入っていて、現在は"Magic Animal Friends"というシリーズがお気に入り。

ライティング

幼児期にはライティングには取り組まず。英語教室の先生から、「鏡文字になっていたり、大文字小文字が混じっていたり、スペルが間違っていたとしても指摘しないように」とのご指導が。
小学生になったら、大文字小文字の区別、英語練習ノートの補助線に沿って書

く練習を。小さい頃好きだった、ジョークのようなライミングワードが書くときにも役立っている。

書いている様子を見ると、フォニックスを使っているように見える。書けるようになってくるとあっという間なので、ライティングはある程度大きくなってからでも大丈夫だと実感。

過ごしました。

　子どもたちには日本語のテレビを全く見せていなかったので、キャラクターや一発ギャグなど、園で子どもたちの話題についていけなかったのは少しかわいそうでした。そういった点で、英語に取り組まれていない保護者の方との温度差のようなものも。でも、英語ができる大人になってほしい！　と心を鬼にして続けました。

　子どもたちに聞いてみると、そうくんは「英語ができていいことは本がいっぱい読めること、嫌なことはない」と言っています。りっちゃんは「英語ができていいことはお友達に『英語でどう書くの？』と聞かれたらすぐ答えられること、嫌なことは学校の英語が簡単すぎること」と言っています。

✂ 英語を続けさせるための環境をとにかくつくる！

　我が家の場合は、保護者としてとにかく環境を整えました。**手に入る教材はたくさんありますが、進度や興味はきょうだいでも異なります。**子どもたちが何に興味を持っているかをよく観察し、それに合ったおもちゃや本、DVDを探しました。また、できる限り購入前に実物を見に行きました。関心を持っている分野と、現在の英語のレベルとが合っているか、または少しだけ上であれば、子どもたちが自ら進んで理解を深めてくれます。

　子どもたちは英語が嫌になったことはなかったと思いますが、「毎

日やる」という習慣が身につくまでは取り組まないときもありました。また、教室に行く時間なのに公園で遊んでいたくて、お休みした日もありました。

　そんなとき「人間はみんな英語をしゃべれるんだよ。園では日本語を話しているお友達も、実はみんな教室に通っていて英語がしゃべれるんだよ！」という方便を使ったりしました。実際教室に行けばみんな英語を話しているので、子どもたちはそう信じていたのではないでしょうか。普段から英語で会話するお友達の存在は、とても大きな励みになりました。

　そうくんは当時一緒だったお子さんと、教室を卒業した今でもよいお友達関係でいるようです。

✖ 子どもの興味のある分野が継続のポイント

　保護者として一番大変なのは、子どもたちに英語を続けさせるためにサポートをすることではないでしょうか。「続けないとあっという間に忘れてしまう」と言われます。我が家も、せっかくの今までの取り組みを台無しにするのが怖くて、英語をやめるなんてとても考えられません。いったん始めたら、優先度を高くして続けなければいけないのだと思います。そのためにも、**ぜひお子様の興味のある分野を見つけてあげてください！**　中学受験のことを考えると、英語教室通いとの両立は難しくなりますが、基礎ができていれば家庭で維持できるはずです。

　親として英語教育に力を入れて結構がんばってきたと自負しているのですが、英語が話せることが普通になりすぎた子どもたちからは、現時点で全く感謝されていません。そのうえ、現段階ではそうくんは英語に強い中学校を目指したいわけでもないようです。英語は学校以外でもできるという実体験からそう考えているのかもしれ

241

ません。**子どもの世界は小さくて、親が思うほどいきなり活躍したり、目に見えてすごい成果を残したりはしないかも知れません。しかし、これから子どもたちが成長するにつれて、英語がきっと役に立つはず。**先はまだまだ長いです。そのときを楽しみに共にがんばりましょう！

インタビューを終えて

　中学校受験を見据えて、英検2級を3年生までに取得することを見据えているところが計画的です。実際には小学校2年生でそこまでの力を付けてしまっているところも有言実行ですばらしいですね！　保護者がかなりがんばって英語をやらせてきたことがわかります。

　英語教室に行かせるための方便と最後の「子どもたちからは感謝されていない」という点、あまりの共感に笑ってしまいました！英語を学ぶ環境を整えるのは大変でもあり、そして整ってしまうと子どもたちにとって当たり前すぎてほかの子どもたちとどう違うかなんてわからないものです。子育ては長期戦！　だからバイリンガル教育も長期戦なのですよね。

Family 3
留学には出したくない！
「学校生活を100％英語型」

お子さんのお名前	みおちゃん
英検合格実績	年中でJAPEC児童英検1級に合格。小1で英検3級、小2で準2級、小3で2級に合格。
学校	認可保育園（1〜3歳）→英語のみのインターナショナルプリスクール（3〜6歳）→公立小学校（1学期間）→インターナショナルスクール（6歳〜）。

　娘は私が復職した1歳から認可保育園に通っていました。人見知りが激しくて内弁慶な点がとても気になったため、社交性を身につけさせるべくインターナショナルプリスクールへの転園を選択しました。アルファベットすら教えたことがなかったので非常に大きな不安を抱いていましたが、子どもの順応性に賭けました。

　当初は、社交的な女の子になってほしいという軽い気持ちでプリスクールを選択したのですが、思いの外、あっという間に英語力が伸びました。年中さんでJAPEC児童英検1級に合格。その時期に1つ年上の子の先輩パパさんに「絶対にこのままインターナショナルスクールに進学するべき」とアドバイスされたことをきっかけに、「娘にはこの環境が合っているのかもしれない」と思うようになりました。

　そのため小学校はインターナショナルスクールを受験し、ご縁があったら入学させようという気持ちになりました。小学1年生の秋

からインターナショナルスクールに入学し、この先も高校まで進学予定です。

✖ 留学せずにネイティブレベルの英語力を身につける

　安全な日本にいさせたいので、娘を海外留学させたいとは思っていません。**留学せずネイティブレベルの英語を習得できると考えると、インターナショナルスクールの学費は決して高くないのではないかと思っています。**大学生で留学するだけで何百万円、場合によっては1,000万円以上もかかりますから。

　日本にいても毎日英語だけの時間をつくれば本当の上達につながると思います。大学生になって高額な学費と生活費を出して数年留学させた子の中に、コツコツ日本で幼少期から学んでいる子と同じような英語力を習得できる学生がどのくらいいるのか興味深いです。

　インターナショナルプリスクールに通い始めると、年少さんからアルファベットの読み書きや基本的な読書などの宿題がありました。私がフルタイム就業のため帰宅は早くても18時半でしたが、そこから毎日食事の支度をする前に必ず娘の横に座って一緒に宿題をやること3カ月。すると「自分でできる！」と言ってくれるようになりました。食事の支度をしていてもすぐに見てあげられるように、キッチン脇やダイニングを模様替えして娘の宿題スペースをつくりました。

　プリスクールでの英語学習については、自分で勉強に取り組む姿勢が早くから育ったことと、早いうちに英語が特技になったことが一番よかったのではないかと思います。年長の1年間は英語「で」プログラミングを学ぶ力がついていました。英語で映画を見られることも英語のプログラムを普通に理解できることも羨ましく思いま

✖ これまでの英語学習

基礎力

基本的な日常会話は学校生活の中で習得。

本

まずはフォニックスを学び、基本的な読み物をプリスクールで読む練習を。あまり読書が好きではないので、小学校に入ってからは漫画風に伝記が学べる"Who Was"シリーズや、"The Baby-Sitters Club"シリーズなど、本人が選んだ読みやすいものを継続的に与え習慣付けるように。

映像

就学前は カートゥーンネットワークをよく見ていて、小学生になってからはYouTubeのGoNoodleチャンネルで歌を覚えた。

国際交流体験

海外旅行でチケットを買ってもらう役目をお願いしたり、自分で食事のオーダーをしてもらうなど、実体験を重要視。海外旅行先で相手の話していることが理解できるから楽しいという経験を大切に。
英語の通信機能付きのゲームでグループチャットをしながら遊ぶことも。

すし、英語が苦手な父親の家庭教師になってもらうこともあり、頼りになります。

✖ 英検は子どものペースで

　日本で将来大学に行くことなどを考えると、英検は取得していく必要があると思い、英検対策の教室にも通わせました。英検の級が上がってきたときに単語がわからず、調べても漢字が読めないし、日本語の単語も難しくてイライラしていました。保護者としても、日本語で説明しても娘が理解できなくてイライラ。本当に困りましたが、考えてみれば英検2級は高校レベルの内容を扱っています。

年齢相応のことをやるほうがよいと考え直し、ゆっくり進めることにしました。

　2年生で準2級のライティングとスピーキング練習をし、3年生で2級のライティングとスピーキング練習をしました。英検に取り組んだことで、学校では担任の先生から毎年「学年以上のライティングができている」と褒められ続けています。親が見てあげられないことは、素直に教育のプロにお願いすることが肝要だと痛感しています。準1級と1級も、内容を理解できる年齢になったら受験させる予定です。

✖ インターナショナルスクールのデメリット

　ちなみに、**インターナショナルスクールに通うと、日本人でありながら漢字や日本の歴史、地理などを深く学べないことがデメリット**です。漢字の読み書きに懸念を抱いていたため、帰国子女である英語教室の先生に相談したところ、いずれ本人が気づいて自らやるようになるから心配不要、とおっしゃってくださったのを信じて待つことにしました。するとそのときが来たのか、いつの間にか週2時間しかないJapaneseの時間だけで公立小学校同学年の漢字は習得できています。

　インターナショナルスクールでは、授業の受け方や教わり方が親の経験と違うので教えてあげられないというデメリットもあります。また、お友達が自国に帰国してしまうため、すぐに会えなくなってしまいます。**一方、伸び伸びと学べて、さまざまな国の人たちと言葉の壁がないのが大きなメリット**です。**各国にお友達ができ、海外で働く、国内で英語を使う仕事に就くなど、将来の可能性が広げ**られます。

　以前はインターナショナルスクールが少なく、両親が日本人では

入学できないなど諦めざるを得ない環境だったと思います。そのため、海外旅行を兼ねてサマーキャンプに入れたり、留学させる保護者が多かったのではないでしょうか。今では両親が日本人でも受け入れてくれるインターナショナルスクールがあるので、選択肢の1つとして視野に入れてみてもいいかもしれません。

インタビューを終えて

　このご家庭は、「大学を出るまでは日本にいさせたい」と決め、日本にいながらネイティブに近い英語力を身につける方法としてインターナショナルスクールをご選択されたとのこと。そして、日本にいるつもりだからこそ英検にも取り組ませていて、英検には英検のトレーニングが必要だと考えたことはよく現実を見ているなあと感じました。

　中高生になればスムーズに準1級、1級に合格できるでしょうが、その前に英検というものに慣れさせようとしていること、英検の受験環境と準備のための勉強を当たり前に感じてほしいと思っていることは、「日本」を意識しているからこそだと思います。誰もがインターナショナルスクールに子どもを行かせられるわけではありませんが、環境が整えられそうなご家庭にとって参考になるのではないでしょうか。

Family 4
思考の多様化も期待できる！「イマージョン教育型」

　応用言語学（バイリンガリズム）と外国語教育を専門とし、上智大学で教鞭をとる藤田保先生は、2人の息子さんを静岡県の加藤学園のイマージョンプログラムで学ばせました。

　2012年4月にぐんま国際アカデミーで親子で講演された内容を抜粋して、本書で特別公開させていただきます。

協力：ぐんま国際アカデミー SHIP（https://gkaship.jp/）

〜藤田先生の講演より〜

　親が子どもに対してできることは何か？　それは環境を整えてやることだと思います。その整えられた環境の中で子どもたちが何を選択していくか、これは子どもたち自身が選んでいけばいい。

　加藤学園を初めて見学に行ったときに私自身が一番感銘を受けて「あぁここなら息子を入れたいな」と思ったきっかけは、英語に関することではありませんでした。

　この学校（ぐんま国際アカデミー）を見学したときに、やはり同じ雰囲気で「あ、懐かしいな」と感じたのですが、学校の見学者という、いつもとは違うものが入ってきても子どもたちが自然に受け入れていたんですね。自分とは異なるもの、言葉を換えれば「**異文化**」というものを自然に受け入れているのは、**実は日本語と英語を同時に学んでいるからこそなんです。**

❈ バイリンガルが持つ多角的な視点

　モノリンガルよりもバイリンガルが優れていることの1つとして、ものの見方や思考法が「拡散的」であることが挙げられます。あるものを見たときに、こういう見方もできれば、ああいう見方もできる、とさまざまな見方ができる。つまり、1つの物事を複数の概念で捉えることができるということです。

　例えば、レンガがここにあるとして、それにはさまざまな使い道があるわけです。でも、ただの建築材料の1つだという概念に囚われていれば、あくまでそれでしかない。バイリンガルの子は、ほかにこういう使い方ができるんじゃないか、ああいう使い方もできるんじゃないか、と常に考えるんです。

　複数の言語で学んでいると異なるものを自然に受け入れるようになる。それが大人になってさまざまな国のさまざまな人と接するようになっても、自然に相手の考えや立場に立って柔軟に対応できるようになるということにつながっていきます。単に複数の言語が話せるだけではないのです。

❈ 信用が子どもの「できる」をつくる

　親ができることの2つ目として、信用するということが挙げられると思います。普通の学校とは違うから不安になりがちですが、そこでしっかり信用して学校に委ねることが大事です。ここが揺らいでしまうと倒れてしまいます。

　「親が、子どもと学校を信用していること」、これがこういう学校でうまくいく一番の要素なんです。つまり、最初に学校を選択したときの確信というか気持ちを、持ち続けないといけない。これが揺らいでしまうと、子どもが不安になります。

　教育心理学では「ピグマリオン効果」と呼びますが、ある学校の

先生に対して、1組は優秀で2組はあまりできないという前提で2クラスを一定期間教えさせると、1組は非常に成績が伸びるけれど、2組はそう伸びないということがあります。でも、実はスタート時の実力は1組も2組も同じだったのです。

この子たちはできると思って教えるのと、この子たちはできないと思って教えるのとでは結果的に違う効果が出るということが立証されています。これは親でも同じ。しっかり信用してあげることが大切なのです。

✖ 正解のない問いを考える

大学教授の立場から言わせてもらうと、知識を身につける教育よりも、物事をどう見てどう考えるかという教育をしてもらったほうがどんなに助かるか知れません。普通の小中高の教育では、最初に正解があって、正しいか正しくないか、が問題になりますが、大学からの教育、いわゆる学問には正解というもの自体がないのです。

ない正解を求めて、ああじゃないか、こうじゃないか、と考えるのが学問であって、逆に正解が決まっているものは学問的には研究対象にならないのです。これは社会に出てからも一緒です。正解がない世の中でどうやって私たちは生きていくのか、これを考える力こそが我々が求めている力なのです。このような力が、未来を担う子どもたちにとって真に役に立つ、かけがえのない宝になるのです。

〜息子さんの講演より〜

　15年間のイマージョンプログラムを卒業して改めて感じるのは、英語を使う人たちの思考と日本語を使う人たちの思考の両方を併せ持って勉強することができるプログラムだということです。

　さらに僕はIBディプロマ[1]のコースも終えることができ、たくさんのことを学ぶことができました。それは言語の違いだけではなく、物事に対するアプローチの仕方に違いがあると、気づかされたからです。

✖「イマージョン」だから選択肢が増える

　僕のクラスの18名のうち5名が海外の大学、13名が国内の大学に進学します。先輩方も国内の大学への進学のほうが多いです。イマージョンのよさを一番実感できたのが［高校卒業前の］最後の2年間でした。

　それまでは英語で学ぶことの意味まではあまり意識しませんでした。けれども、高等部2年生になった頃からは、英語を話している人の考え方の違いを理解できるようになってきました。

　AO入試で国内大学への進学が決まり、イマージョンプログラムやディプロマプログラムの本当のよさが実感できました。「イマージョンだから海外に行く」ではなくて、「イマージョンだから海外にも行けるし国内にも行ける」というふうに捉えるほうが、将来を明るく見ることができると思います。

講演内容を拝見して

　この書籍を書くにあたり、約15年ぶりに「先輩保護者」である藤田先生にご連絡をさせていただきました。この講演記録を拝見して、おこがましいのですが、バイリンガル教育に関する思想が似ていると感じました。子どもの環境を整えることで、英語力も思考力も育てていくことができることを再認識しました。

　もし周りの子どもたちが英語を学んでいない環境で英語子育てをしているならば、私の娘たちと同様に「なんで私たちだけ英語をやらないといけないの？」という疑問を持つかと思います。「面倒くさい」といった感覚かもしれません。しかし、保護者は自分の考えを信じて英語教育を継続することが大切なのではないかと、ピグマリオン効果のお話を拝見して感じました。

　語学力は思考力へとつながります。単に英語ができるだけではなく、多角的に考えられるための子育てをしていると自信を持っていいと思います。

1　IBはInternational Baccalaureateの略で日本語では国際バカロレアと呼ぶ。スイスに本部を置くInternational Baccalaureate Organizationが親の異動に伴い複数の国を転々とする子どもたちの大学進学に向けたプログラムとして認可している。日本には認可を受けたインターナショナルスクール、私立学校、公立学校がある。
https://ibconsortium.mext.go.jp/ib-japan/authorization/

おわりに

　本書では英語の習得に関する理論、親子で取り組める活動、教材やスクールの選定方法、英検への取り組み方をご紹介しました。また、4家族にご協力いただき、どのような思いでどのように英語に取り組んできたかお話を伺いました。それぞれのご家庭に合った方法で英語教育に取り組まれてきているので、読者のみなさんが我が子に合った方法を見つけるご参考になりましたら嬉しく思います。

　本書を書き終えてから、娘たちに「英語ができてよかったことや、大変だったことを教えて」と聞いてみました。2人とも、普段から英語を学ぶことが当たり前になりすぎていて「うーん」と考え込んでしまいましたが、今の気持ちを教えてくれました。

 私は「英語はいろいろな国の共通言語なので、海外に行ったときや将来とても役に立つ」と母に言われて英語をがんばってきました。でも英語ができるのが当たり前だから、どんなときに役立っているのか忘れてしまいます。
　先日、近所のお花屋さんで外国人のお客様が店員さんと話が通じなくて困っていたので、配送日を決める通訳のお手伝いをしましたが、母が言うまで忘れていました。一度英語を使うのが当たり前になれば、きっとずっと当たり前になるのだと思います。
　日本の学校では英語のテストでボーナス点をもらって100点よりも高い点数が取れていたのに、今のインターナショナルスクー

ルでは勉強が難しいです。英検2級の勉強をしたときは問題文に合わせて内容を読んでいましたが、今は本を読んでから、自分で問題をつくって学校のテスト対策をしなくてはいけません。読んだものを要約したり、意見をすぐに言うのがもっと上手にならないといけないと思います。

　私は学校の英語の授業のときに自信を持って答えられるし、お友達のお手伝いができるので、英語が得意なのが嬉しいです。

　私の学校では4年生からすべて英語だけで授業をして、高学年になるとスピーチなどもするそうです。授業でもっと難しいことをするのが楽しみです。アプリの中で外国の子とチャットで話すのも好きです。

　でも、本当は英検の準備はちょっと嫌です。日本では英語を使わないので単語を覚えるのに時間がかかって、英検準2級の準備が大変でした。テスト前は過去問がうまく解けなくて悔しくてイライラしました。でも海外旅行に行ったら英語は役に立つから、これからもがんばろうと思っています。英検ではリスニングもスピーキングも点数はよかったけれど、実は完璧にはわかっていないところがあったので、もう少し練習しないといけないと思います。

　予想どおりではありましたが、**2人とも学校のテストや英検といった試験をもとに、自分は何ができて何ができていないのかを認識しています。**これが英検という指標を活用してきた成果の1つです。向上心を育むのにも役立っているようです。

語学力の育成には特別な才能は不要です。練習する時間数が十分に取れれば、誰しもがその言語を使えるようになります。そう考えると、**非常に費用対効果が高い教育的な「投資」**です。グローバル化の波は誰にも止められないでしょう。**20年後に社会で活躍する今の子どもたちには英語力、思考力、発信力が必ず必要になります。英語に強い子は、英語を武器に自分が身を置きたい場所でやりたいことを成し遂げられるはずです。**

　本書でご紹介した内容が、我が子が夢や目標に近づくことを助ける英語子育てに役立ちますよう、心より願っております。また、無料相談を受け付けているLINEオープンチャット、YouTubeチャンネルもありますので、ぜひご利用いただけると嬉しいです。長期戦の英語子育て、一緒にがんばりましょう！

2021年9月　江藤友佳

● LINEオープンチャット
　「子供の英語教育どうしよう？」

● YouTubeチャンネル
　「マウイと英語を学ぼう！」
　URL：https://www.youtube.com/channel/
　　　　UCaJhouiyBQpGaBHCI9t4RHQ/videos

江藤友佳 えとう・ゆか

アメリカカリフォルニア州の小・中・高校の教員資格を持ち、コロンビア大学大学院ティーチャーズカレッジでTESOL（英語教授法）の修士課程を修了。
日本でバイリンガル子育てに挑戦してきた2児の母。次女が小学校に入るまではフルタイム勤務をし、その後、独立。現在は東京都品川区で小学生向け英語教室Learning Gardenを主宰。小学生のうちに英検2級を取得できる英語力を身につけられる指導と子ども向け英検対策本の執筆をしている。アメリカの進学校・大学・大学院で世界の優秀な学生と対等に議論する大変さを身をもって体験したことから、将来役立つ思考力や発信力を子どもたちに身につけさせる指導がモットー。
2021年7月に保護者にノウハウを共有するYouTubeチャンネル「マウイと英語を学ぼう！」を開設。Clubhouseでの無料相談会なども行っている。

執筆協力	藤田保
イラスト	山内庸資
装丁・本文デザイン	アルビレオ
DTP	株式会社フクイン

小学生で高校卒業レベルに！

英語に強い子の育て方
0 〜 9歳児の親が今できるすべてのこと

2021年9月22日 初版第1刷発行

著者	江藤友佳
発行人	佐々木幹夫
発行所	株式会社翔泳社（https://www.shoeisha.co.jp）
印刷・製本	株式会社廣済堂

ISBN978-4-7981-7095-4
Printed in Japan